Михаэль Бабель

С У Д

Иерусалим

2005

Михаэль Бабель. Суд

П. я. 23229, Иерусалим, 91231

Michael Babel. Court Trial

P.O.B. 23229, Jerusalem, 91231

Своими книгами я обязан тем, кто мешали мне жить, –
двум кэгэбэ: один – там, второй – здесь.
His books I owe to those who bother me – two KGB:
one – there, the second – here.

КГБ – это убийства, если одним словом. (М.Б.)
KGB – a murder, if in one word. (M.B.)

ОБВИНИТЕЛЬНЫЙ АКТ

Система кэгэбэ в государстве Израиль
Прокуратура, полиция, суд,
средства связи, госконтролёр
и всё, всё – кэгэбэ

Лист № 1

От инквизиции до израильского кэгэбэ – нет нового: «Дайте человека – дело будет».

Обвинение № 1

«13.1.2005.

Гражданский суд Иерусалима.

Судье < >.

Государство приговорило меня к смерти через покушение 6.7.2003.

Без суда.

Метод государства кэгэбэ.

Жалоба о покушении государства на меня находится у офицера по жалобам общественности иерусалимского района.

Я тоже приговорил государство в своих книгах к смерти через обвал к 2018 году.

Государство не обвиняет меня по существу, а шьёт дела.

Метод государства кэгэбэ.

У государства нет терпения подождать немного до покушения № 2, для приличия, после провала группы покушения на меня, и применяет свои средства: кулаки, провокации, угрозы, топтунов-провокаторов.

У меня тоже нет терпения ждать до 2018 года, я тоже применяю свои средства – книги.

Диссидент в лапах кэгэбэ.

Государство тянет меня в суд, дело № 004726/04. Прокурорша < > сообщает суду о жалобе на меня, но не сообщает, кто автор жалобы. Вот он – автор жалобы: Дмитрий Сандлер, он – душевнобольной, его дело в институте государственного страхования. Мне известно об одной его жертве (а что известно полиции?): попытка убить жертву, дело №10373/02 о задержании под арестом, уголовное дело №06440/02. Заключение психиатра о его жертве: тяжёлая травма жертве насилия.

Но настоящий автор, не только жалобы, но и этого судебного процесса, как и всего, что творится в этом государстве, – кэгэбэ.

Почерк судебных процессов кэгэбэ.

Полицейские < > и < > обвиняют, что я напал на автора жалобы и угрожал ему. Эти полицейские 5.12.2002 украли мой пистолет, который я сдал на хранение при входе в полицейский участок Мория. Пистолет был у меня 30 лет. После этого воровства я стоял возле полиции с транспарантом "Полиция Мории – жулики и бандиты". Они задержали меня, угрожали арестом, глумились надо мной. Два года назад они звонили и сообщили о закрытии дела. Какое дело?!

Руки людей кэгэбэ.

Полицейская < > обвиняет: "Он хочет резать автора жалобы на куски, если будет возможность". Я же сказал: "Если суд вынесет смертный приговор, моя рука будет первой на нём".

Прокурор < > обвиняет: "В телефонном разговоре угрожал прокурору, который был в конторе". Это тот прокурор, который позвонил и объявил, что закрывает дело. Есть дело?! Открывают-закрывают дела по потребности?! Так убивают!! С таким делом просто исполнить покушение № 2, и сказать, что это преступные разборки, и на счёт этого дела списать также покушение № 1!! Не сказал ему «спасибо», кричал в трубку, что они убийцы.

От инквизиции до израильского кэгэбэ – нет нового: "Дайте человека – дело будет".

Я тоже тяну государство в суд, который начался и закончится в 2018 году. Я или кто-то (можно уничтожить меня, но не мои книги) подаст эти книги как обвинительный акт: Система кэгэбэ в государстве.

Прокуратура, полиция, суд, средства связи, государственный контролёр и всё, всё – кэгэбэ.

Государство кэгэбэ угрожает "моему Израилю" без кэгэбэ и моей книге с тем же названием – главной в моей жизни. Другое похожее государство повалилось после семидесяти лет. И это государство повалится после семидесяти лет – в 2018-ом.

Просто. Понятно. И без помощи полицейских, прокуроров, судей, адвокатов – они лжецы, воры и бандиты в законе – щит и меч расстрельного государства: подготавливают преступника, закрывают его дела, заводят дела на меня и открывают суды, вешают преступнику покушение на меня в обмен на обещания. И под маской преступных разборок скрывают, что государство убивает меня, мои мысли, мои книги.

Это суд кэгэбэ.

Не иду в суд кэгэбэ.

Иду своей дорогой: счастлив человек, который по совету советских не ходил, на пути большевиков не стоял и в собрании кэгэбэ не сидел.

Возьмут меня лежачим.

И приговор меня не интересует.

Расправа со мной – приближает обвал.

Это утешает.

Книги мои будут жить.

А это государство кэгэбэ не протянет до 2018 года.

Не сказал и слова в свою защиту, потому что это не акт защиты. Не это моя цель.

Мои книги убеждают, что дела, суды, расправы, покушения – причитаются мне в государстве кэгэбэ.

Сделан первый лист книги.

Вот это моя цель».

Лист № 2

А для маскировки кэгэбэ назначают государственного контролёра с правами меньшими, чем у автобусного контролёра.

Обвинение № 2

Кэгэбэшник, который следил за мной и не только за мной в 1972-1973 годах перед моим выездом из России, отслеживал меня много лет здесь. Это был перевод кэгэбэшника в рамках одного кэгэбэ? Или в рамках дружественных кэгэбэ?

Его выводили всегда идущим мне навстречу. В последнее время шёл прямо на меня, ухмылялся, я от него в сторону шоссе – под машины с полными сумками с рынка. А в последний раз бежал за мной. «Не тяжело?» – ухмылялся на мои сумки. «А тебе не тяжело ходить в чекистах?» – ответил на бегу и – прямо в поток машин. А он по спине рукой провёл – так делали топтуны в России.

Почему не врезал по его роже? А снимки будут. Сошьют дело об угрозах и нападении. Можно сшить и с фотографией побега – мол, сбежал после угроз и нападения.

19.12.2004 подал в кэгэбэ на «Русском подворье» жалобу (дело №153497/2004) на этого кэгэбэшника, а там говорят: «А как его найти?»

И не найдут топтуна Валерия Коренблита. Найдут только «свидетеля» Валерия Коренблита.

Обвинение № 3

Кэгэбэшник, который следил за мной постоянно, два года назад ломился в мою квартиру со словами об их товарище по кэгэбэ – Дмитрии Сандлере, имя которого широкая общественность узнала только через год, когда сшили дело № 004726/04 и пригласили меня в суд на 1.3.2005, а я открытым письмом судье огласил это дело. Грудью остановил его в дверном проёме. Почему не спустил с лестницы? Сошьют дело о нападении и угрозах. Можно сшить и без фотографий, по записи звуков человеческого пыхтения и шарканья ног.

И не найдут топтуна Евгения Могилевского. Найдут только «свидетеля» Евгения Могилевского.

Обвинение № 4

22.12.1997 кэгэбэшники устроили мне засаду возле Кнессета в «Парке роз». Трое били, один фотографировал и двое стояли за «свидетелей», один из них отслеживал меня годами. Почему не отвечал на удары? А снимки будут. Сошьют дело о нарушении общественного порядка. Кэгэбэшный судья не усомнится в показаниях кэгэбэшных свидетелей и их фотографий, где я машу руками. Не будет только фотографий, как били ногами по яйцам, которые прикрыл руками.

И не найдут топтуна – Льва Юдайкина. Найдут только «свидетеля» Льва Юдайкина.

Обвинение № 5

31.12.1999 рано утром на улице догнал меня кэгэбэшник, знакомый по общественным демонстрациям, и предложил: «Пора браться за оружие». Стой или иди, отвечай или молчи – снимки сделаны, голос записан. Сошьют дело о заговоре. Можно сшить и за недоносительство.

Когда начали шить дела мне, пошёл в кэгэбэ и «стукнул» на заговорщика-провокатора. Жалобу не приняли, сказали, что «сейчас все так говорят».

Сказал бы я так!!

И не найдут топтуна Исраэля Горелика. Найдут только «свидетеля» Исраэля Горелика.

Эти страницы обвинений не подам в качестве жалобы тем, кто преследует меня, ведь никого не найдут по жалобе о покушении на меня 6.7.2003.

Все жалобы спишут на разборки между «преступниками», а «преступнику» ещё и «влепят».

Писать жалобы в кэгэбэ на кэгэбэ?! Не это моя цель.

Русский писатель Александр Зиновьев, прекрасно знающий кэгэбэ, свидетельствовал 25 лет назад, что невозможно доказать даже в европейском демократическом суде причастность кого-либо к русскому кэгэбэ по причине мёртвой тайны кэгэбэ.

Я же свидетельствую, что невозможно доказать в израильском суде причастность кого-либо к кэгэбэ, потому что всё причастно к кэгэбэ и суд в том числе.

Потому что всё здесь, как и там, построено большевиками, а они умеют делать хорошо только одно – кэгэбэ.

И это они сделали умело – лучше «старшего брата».

А для маскировки кэгэбэ назначают государственного контролёра с правами меньшими, чем у автобусного контролёра.

То есть государству не избежать обвала, как не избежала

Россия.

Не бояться кэгэбэ – быть чистым перед Б-гом.

Не молчать о кэгэбэ – быть чистым перед собой.

И снова, как 35 лет назад, – вперёд по тропе.

Русский писатель не знал о предстоящем обвале – видел на своей родной земле государство кэгэбэ прочным и вечным.

Но еврей знает, что этим тёмным силам Всевышний отпускает не больше семидесяти лет.

Сделан ещё лист книги.

Вот это моя цель.

Лист № 3

Про облучение топтун догадывается со временем, узнав, что случилось с его подопечными.

Обвинение № 6

Я иду от улицы Яффо по рынку, кэгэбэшника выводят на меня от улицы Агриппас. Встреча неизбежна в узком проходе между прилавками. А если встреча не состоялась там (не по моей вине), он находит меня внутри «моего духана», и, пока я отбираю с лотков фрукты-овощи, мы разговариваем.

– Ты смотри, что вытворяет кабан, – начинает топтун.

Мои руки наполняют мешочки. Его руки в карманах курточки управляют прибором, облучающим меня. Техника записи разговора так совершенна, что не требует рук вообще, но техника облучения – сложнее. Про облучение топтун догадывается со временем, узнав, что случилось с его подопечными.

Его же информируют, что прибор принуждает говорить правду.

Но даже с облучающим прибором мог бы, хотя бы для вида, держать в одной руке мешочек яблочек – мол, детишкам. Иначе со второго раза понятно, что он топтун, а с третьего – что убийца.

– Да он же диктатор! – кричу правду о кабане, радуя кэгэбэшника, и прыгаю к другому лотку, подальше от облучения.

Не его вина, что видно убийцу; виноваты стоящие над ним убийцы – пару шекелей на реквизит жмут, даже мешочек с бутафорскими яблочками и то приличнее, чем ничего.

– Ой! Ты понял о ком? – кричит кэгэбэшник, благодарный, что достал меня облучением.

Как были благодарны топтуны в том кэгэбэ, когда мы большой компанией усаживались в ресторане, а у них неожиданно открывалась возможность гульнуть на счёт своего ведомства. Официанты, узнав их, быстро накрывали отдельный стол в конце зала и успевали обслужить всех топтунов: и тех, кто начали есть вместе с нами, и тех, кто в это время опекали нас. А если после мы заходили ещё и в кафе-мороженое, то можно было поймать благодарные взгляды топтунов от их стола к нашему столу.

– Советский диктатор! – кричу святую правду, взрывая кэгэбэшника, и прыгаю в укрытие за следующий лоток.

И продолжаю быстро отовариваться. Выглядываю оценить эффект взрыва. Топтун стоит ко мне спиной, скрючился, только локти ходят, значит, неполадки с облучением от взрыва радости.

– Ты догадался? Правда? – в детском восторге кричит кэгэбэшник, ремонтируя внутри себя и ища меня.

– Убийца он! – кричу правду и только правду, оглушая кэгэбэшника.

И замираю, не шевелюсь в укрытии. И никакого ответа. Только шум рынка и крики торговцев. Выглядываю.

Кэгэбэшник стоит посреди духана, обалдел от радости, руки не в карманах курточки, а по швам – заставил меня говорить правду и только правду.

Отступаю к кассе и демонстрирую своё поражение – вынимаю из загашника что поприличнее и бросаю к ногам победителя:

– Сколько евреев убито при нём!

Кэгэбэшник счастлив. Великодушно улыбается, но душа его просит ещё. А я не умею отказывать людям.

– Он своё получит! – кричу кэгэбэшнику.

Но счастливчику всё мало.

– У-у-у! – машу кулаком в воздухе.

Заворожен большой своей удачей – ему и этого мало.

Хватаю свои сумки и бегом.

Снимки сделаны, голос записан. Сошьют дело о

подстрекательстве и мятеже.

И не найдут топтуна Лейба Шварцмана. Найдут «свидетеля» Лейба Шварцмана.

Нашёл его телефон, позвонил, спросил:

– Не возражаете, если я воспользуюсь вашим сравнением «кабан»?

Он не возражал и стал объяснять, почему он употребляет кабан, а не свинья. Мне это было без разницы, я раскланивался, а он быстро говорил:

– Я ещё называю его «шарик».

И начал объяснять, почему «шарик». Я выключил телефон.

Кру-тится, вер-тится шар голубой.
Кру-у-утится, ве-е-ертится над головой...

Ещё лист книги.

Лист № 4

Сколько денег угробили кэгэбэшники, чтобы дать мне сделать ещё один лист! Может, помогут издать? А потом – удобно кокнуть. И никаких концов.

Обвинение № 7

Кэгэбэшники оккупировали улочку Атурим сразу, как я оставил в ней машину и пошёл к рынку. Атурим – одностороннего движения, парковка машин с двух сторон, для проезда остаётся узкая полоса; впереди, по ходу движения, пересекается с узкой улицей Раши, а ещё через два дома выходит на просторную Яффо, на которой я повернул налево к моему любимому рынку.

У кэгэбэшников времени предостаточно до моего возвращения. Одну свою машину они припарковали недалеко впереди моей, вторую – недалеко сзади.

Когда я вернулся с покупками и начал выезжать на узкую проезжую полосу, обе кэгэбэшки выехали вместе со мной, и моя оказалась зажатой между ними. Кавалькада из трёх машин приблизилась к перекрёстку с Раши, которую слева и справа перекрыли ещё две кэгэбэшки. Передняя кэгэбэшка из моего

14

эскорта наехала на переходную дорожку, передние её колёса переехали, но задние оказались на самой дорожке, и для переходивших улицу осталась узкая часть перехода между задом кэгэбэшки и передом моей. Переходил улицу всего один пешеход, остальным мешали кэгэбэшники. Этот пешеход был в плаще и с зонтом под мышкой. Голова вывернута назад и вверх к крыше трёхэтажного углового дома, чтобы не видел меня, но чтобы я хорошо видел.

Так «вывели» на меня кэгэбэшника Дмитрия Сандлера — душевнобольного, преступника и будущего «автора» жалобы. Как будто бывают авторы кроме кэгэбэ!

И у этой книги автор — кэгэбэ!!

Съёмка ведётся из передней, задней, двух боковых машин и с крыши углового дома.

Вариант продолжения: а-а-а! преступник! выскакиваю из машины — дождь будет после дождика в четверг — но меня бьют зонтом! Чудные кадры!

Ещё вариант: а-а-а! преступник! давить таких! давлю на газ! страшные кадры! ни им, ни мне его не жаль! машину жаль!

И ещё вариант: а-а-а! убийца! хватаю пистолет и пли! пли! пли! пли! пли! пли! все шесть из барабана! эти идиоты забыли, что сами украли пистолет! у-у-у!

Пробка уже всамделишная. Пока рассосётся.

Великий артист ехидно улыбается и беззвучно смеётся. Съёмка продолжается. В кадре остаётся только ехидная улыбка.

Еду на «Русское подворье» подать жалобу о провокации кэгэбэ. Жалобу не принимают. Шутят над тем, что для меня серьёзно. Меня знают. Вместе со мной возникает во дворе кружок посудачить. Один полицейский жмётся в поднятый воротник тёплой куртки и хвалится: «Я знаю по этому делу всё!» Интонацией выделяет слово «всё».

Сколько денег угробили кэгэбэшники, чтобы дать мне сделать ещё один лист!

Может, помогут издать?

А потом — удобно кокнуть. И никаких концов.

Лист № 5

Задание кэгэбэшника – доложить об увиденном, об услышанном доложит техника, а что печатается в компьютере, сразу ложится на их стол.

Обвинение № 8

Повестка в суд пришла утром, с доставкой на дом.

Расписался в получении, прочёл «на одной ноге», потому что уже стоял возле двери, и отправился, не в первый раз и не в последний, выяснять с оплатой за воду.

От меня не ожидали такой прыти, поэтому вывели на меня знакомого автобусного кэгэбэшника только на обратном пути.

Всю дорогу туда и обратно я напряжённо думал, что было видно на моём лице. Кто знал о повестке, должен был понять, что я этим озабочен. Кэгэбэшник не должен знать о повестке. Задание кэгэбэшника – доложить об увиденном, об услышанном доложит техника, а что печатается в моём компьютере, сразу ложится на их стол.

Войдя в автобус, он зафиксировал мою озабоченность и уже выполнил своё задание.

Но я действительно был озабочен всё утро – как повестка отразится на книге «Предобвальные будни»? Обдумывал, как закончить первую часть её – книгу «Покушение» и начать вторую часть – книгу «Суд».

Обычно мы подсаживались друг к другу, если рядом было свободное место, а если места оказывались не рядом, но и не далеко, то оборачивались поговорить.

На этот раз всё было не так. Мне было не до кэгэбэшника. Он вошёл и встал на соединительном круге удлинённого двойного автобуса, а я сидел невдалеке в хвосте автобуса. Было много свободных мест, и рядом со мной свободно, а он, единственный на весь автобус, не садился. Если ему сесть лицом вперёд, то я выпадал из его поля зрения. Если же сесть лицом назад, то он будет смотреть на меня и на свободное место рядом со мной. С круга он мог смотреть на улицу, не теряя меня из виду. Я, думая о своём, тоже смотрел на улицу.

Своё задание он уже выполнил. Но мог выполнить интереснее, если бы подсел ко мне «поговорить за Тору» – наша с ним тема под его руководством, потому что я простак, тогда как он «знающий». Обычно «знающий» не упускает случая поучить простака при всякой возможности, которая вот была. Но подойти он боялся.

С раннего утра день был по-настоящему дождливый. На мне была куртка и в дополнение к ней складной зонт. А на нём куртки не было, и в руках ничего, то есть это полный провал – пересаживая его в автобус, в спешке забыли причиндалы в кэгэбэшной машине.

Царь Давид всю жизнь был благодарен за сказанные ему две мудрые фразы. Не брать ли и мне пример с еврейского царя?

Поэтому только намекну: Дав. Шв.

Ну, ещё несколько буковок, ведь он не пророк, а кэгэбэшник, меня они не пожалеют: Давид Шв.

Пожалел, но догадаться можно.

Лист № 6

Кэгэбэ копает себе яму – любая их победа приближает обвал. Да здравствует всепобеждающий кэгэбэ!

Обвинение № 9

От автобуса я спешу на пересадку на другой автобус. Развиваю спринтерскую скорость, которая мешает «ведущему» выводить на меня знакомого уличного кэгэбэшника. Мешает ещё и красный свет семафоров, задерживая продвижение к цели – на меня. Мешают ещё толпы прохожих.

Я лично никогда не мешаю. И не вставляю палки в колёса – не выключаю переносной телефон, не усложняю работу. Ведь они всё равно должны сделать своё дело. Ну, задействуют ещё кэгэбэшника, но ведь сделают, – так зачем мешать. И скорость моя спринтерская – редкая возможность размяться, но ни в коем случае, чтобы мешать в работе.

Такое правило было у меня ещё с теми кэгэбэшниками. Шли

мы как-то несколько человек в метро, а кэгэбэшники, как водится, «ведут» нас, тишь и благодать, так один из наших чего-то вдруг дёрнулся в сторону, на эскалатор вниз и получил подсечку по всем футбольным правилам и полетел считать ступеньки. Пришлось потом вразумлять его, что существуют правила хорошего тона. Неписаные. Но их соблюдают. Можно и не соблюдать, но для воспитанного человека это дело чести. Чтобы не уподобляться этой нечисти.

У каждого своя работа – не надо уважать, но зачем мешать?

Кэгэбэ копает себе яму – любая их победа приближает обвал. Да здравствует всепобеждающий кэгэбэ! Зачем мешать? Пусть побеждают.

Вон он, кэгэбэшник, стоит напротив меня на той стороне улицы, между нами красный свет семафора. Мне его по-человечески жаль. Свою площадку на этой стороне улицы возле Машбира он, опоздав на этот раз, проиграл.

На площадке просторно, на ней он хозяином, обычно как бы невзначай узнаёт меня; окликает, если не замечаю его; задаёт вопрос для затравки, на который интеллигент всегда ответит и что-то скажет. По внешнему виду, по репликам оценивают состояние, настроение, мысли, планы.

Мне даже не жаль подсказать, что у них в компьютере должны быть адреса мест встреч и рядом с адресом – графа: количество встреч по каждому адресу, и с появлением в этой графе цифры «два» вспыхивает сигнал «внимание!», потому что на третий раз понимаешь, с кем имеешь дело. И ещё: хотя бы раз должны показывать, как кэгэбэшник проходит мимо, не заметив опекаемого.

А сейчас не тотальный проигрыш, который уже состоялся из-за цифры «десять», а технический – кэгэбэшник опоздал. Нет внезапности, неожиданности, которые облегчают возможность остановить и заговорить. Сейчас – посреди проезжей части – меня не остановить. И не потянуть за собой – чего вдруг? А пойти за мной – явно плохо. Поэтому, на этот раз, он мне кисло улыбается, потому что он в моих руках, как я всегда кисло улыбаюсь им – и там, и здесь, – потому что всегда в их руках.

18

Он ещё надеется, что я, человек отзывчивый, помогу ему исправить положение, но хоть я и сторонник не мешать, но уж никак не помогать. И когда зажжётся зелёный свет семафора, и мы пойдём навстречу друг другу, и его руки будут уже готовы протянуться ко мне, если только увидит слабинку в моих глазах, то соберу в комок свой сильный характер, чтобы с кислой улыбкой пройти мимо.

И вот – зелёный свет, и стена людей идёт на стену людей, просачиваются сквозь. И моя кислая улыбка просачивается сквозь кислую улыбку Леонида Якимовского.

А кислой улыбки от всего этого у его жены быть не может, потому что у них, кэгэбэшников, почти у всех – «жена ушла».

Сегодня женщины стоят выше мужчин, как когда-то в пустыне, за что тогда получили особую хвалу от Всевышнего.

Лист № 7
Узнают всегда и сразу, ведь пишу в два компьютера – мой и кэгэбэшный, следящий за моим, и рассылаю только кэгэбэ, больше некому.

Обвинение № 10
Раз уж в городе – забежать на рынок святое дело.

В «моём» духане переходил от лотка к лотку, дошёл до помидоров, выбираю, которые покраснее, для этого переворачиваю, разложенные красной спинкой, на сторону хвостика, где прячется зелёное. После проверки опускаю в мешочек, и рука свободна взять следующий, а тут в мою руку вкладывается чья-то рука. Я человек не злой, всегда пожму протянутую мне руку.

...В той кэгэбэшне, как-то раз, выскочил из дома по делу, опаздывал, спешил, не умылся, не причесался, досыпал на ходу, а во дворе стоят двое, лица какие-то знакомые, может, пришли предупредить, чтобы не шёл. Протянули ко мне руки, пожал их и, по нашему тамошнему правилу, сказал "шалом". И тут проснулся окончательно и быстро дальше. А они постояли немного в растерянности – и за мной с криком «Михал Шимонович! Михал Шимонович!» Остановился, они догнали и в два голоса: «Михал Шимонович, пройдёмте». С извинительной улыбкой и по-дружески...

И в этой кэгэбэшне тоже пожал и лишь потом посмотрел, чья она. Рука была кэгэбэшная, которая однажды облучала меня в «моём» духане, а теперь травит – размазала по моей ладони маленькую капельку, которая мгновенно впитывается в кожу и медленно убивает.

– А как у нас с Шариком? – кэгэбэшник ошарашил меня, когда я вдохновлён помидорной поэзией и реагирую слабо на проблемы этого мира.

Первое впечатление, что кэгэбэшник немного постарел, а с последней встречи прошло всего полгода. Это случается, когда человек играет не самого себя, и когда игра, которая всех молодит, кончается, то оказывается человек старше. Это как в гримёрной, в которой актёр, спустившийся со сцены, выглядит более старым.

Да и лицо простака сменилось на следовательское.

Игра кончилась, когда узнали про мою писанину. Узнают всегда и сразу, ведь пишу в два компьютера – мой и кэгэбэшный, следящий за моим, и рассылаю только кэгэбэ, больше некому. Игра кончилась, а кэгэбэшник держит сумочку, якобы для покупок – вот именно якобы, потому что пустая. Сумочка нужна была в прошлый раз, о чём прочли у меня.

– Плохо, – отвечаю про Шарика, который всё ещё крутится-вертится над головой. Застигнутый врасплох, я не вру, а уж тем более не вру дальше: – Не желаю разговаривать.

Ответ выразительный, но не художественный, а для правды жизни приходится давать его в книге. Огорчённый своей посредственностью, продолжаю отбирать помидорки. Кэгэбэшник отваливает от меня, выполнив задание – узнать мою реакцию. За полной уже ненадобностью в системе Станиславского, сумочку не заполняет и идёт к выходу из духана.

А я вслед ему машу рукой над головами покупателей – привет, мол, съёмочной группе. Должны быть где-то поблизости. Привет от артиста, на которого километры плёнки и там, и здесь не угробили (!) – будет учебное пособие по системе Станиславского – до 2018 года надо получать зарплату.

С какими только красотками меня не щёлкали! Там они были все под Марину Влади, а здесь – с пляжа Тель-Барух. В юбочке короче трусиков, а рука, поднятая с пелефоном к уху, задирает её выше некуда, да ещё наклоняется к окну машины, а я выезжаю с опустевшей стоянки торгового центра моего Рамота-алеф.

– Одну минутку, – говорит и пелефону, и мне, – меня – в Рамот алеф.

– Это Рамот алеф, – отвечаю.

Согласно кивает головой и поясняет:

– Мне туда, – машет рукой в направлении движения машины.

Согласный мой кивок и крупным планом то, откуда торчат её ноги, – говорят телезрителю, что договорились о цене. Ещё несколько слов диктора дополнят портрет убитого. А то, что она осталась одинёшенька на пустой стоянке, – дополнительная краска к портрету убитого: высадил её в безлюдном месте подальше от свидетелей.

Когда приехал на эту стоянку и выходил из машины, сбоку приткнулась машина поперёк моей (как будто нет больше мест), а в ней человек с заданием на лице. Смотрел на него в упор, а он потёр нос.

...Так что хотели сказать рукопожатием кэгэбэшника? Втёрли убийственную капельку – это само собой – трудовые будни. Но главное – демонстрация силы: вот – твоя рука пишет и бестолку, а вот – наша рука Лейба Шварцмана – жива. И кто в чьей руке?

А через неделю ещё демонстрация – благополучия в кэгэбэшных рядах, чтобы подорвать морально мои силы. В моём районе вхожу днём в полупустой автобус на остановке после конечной, а облучатель-отравитель сидит на видном месте, благодушен, одна рука возлежит в открытом окне, вторая покоится на спинке свободного рядом сидения, рубашка белая с короткими рукавами, кипочка чёрная. Я бы внёс маленькую поправочку в реквизит – в этом районе для взрослого дяди с чёрной кипочкой короткие рукава не по возрасту. А вот с демонстрацией благополучия неувязочка – явно спешили, иначе не завозили бы кэгэбэшника из другого района на конечную остановку.

Я-то пройдусь и по второму разу, и по третьему, но мне бы и по другим разок пройтись, пока не кокнули – кто их знает когда.

Лист № 8

А моё убийство "повесят" на одного из неказистых – всё равно ему сидеть за то, на чём его "взяли".

Обвинение № 11

А ещё через неделю новая демонстрация – на этот раз наглости.

Первая годовщина смерти Учителя. Тихохонькие стоят ученики у входа в его дом. Подхожу, как всегда озабоченный своим: кого-то надо найти и о чём-то спросить. А за спиной кэгэбэшник громко нарушает святость момента: «И не здоровается!» Но не оборачиваюсь.

Это он много лет назад занял у меня деньги. И долго не отдавал. Я требовал. Наконец он позвонил, что отдаст возле центральной автобусной станции. Завёл меня за какие-то сараи. Оказалось, что с ним ещё двое, неказистые, неприметные. Там он протянул ко мне руку с деньгами. Я взял и считал. Получалась выразительная съёмка. Диктор не будет долго останавливаться на показанном. А моё убийство «повесят» на одного из неказистых – всё равно ему сидеть за то, на чём его «взяли».

Как и обещал, прошёлся по Евгению Могилевскому по второму разу. Но обещал пройтись и по третьему.

На демонстрации правых вылезает в первый ряд. Пышная борода. Пялит глаза. Кричит несвязное. Кэгэбэшники телевидения дают крупным планом его толстое лицо, а за экраном его крик, потом в кадре группа людей и он в центре, а за экраном их крики. Получается очень смешно. Ещё два кэгэбэшника всегда занимают место возле выступающих с микрофоном: с одной стороны стоит блядовитая девка, а с другой – придурковатый немолодой с надвинутой на глаза и уши панамкой. Смотрите и судите сами: вот их лицо – этих правых, экстремистов, ультра.

Лист № 9

Так мне тошно от всех этих кэгэбэ. В гробу их видеть – вот на это бы побежал.

Обвинение № 12

Когда пришла повестка в суд, я засел в своём закутке. Началось творческое затворничество. В закутке раздавались радостные вопли творческих находок и сладострастные хихиканья на разговоры по второй программе радио. День суда приближался, затворничество стало долгим, вопли и хихиканья не утихали.

Поздно вечером ко мне постучали.

Домашние уже разбрелись по своим углам, а я обещал жене скоро придти.

Я выскочил из закутка в салон, открыл дверь. Этого моложавого человека пару раз видел на молитвах в ближайших синагогах – это как пароль на вход. И я безнадёжно махнул рукой. Он неправильно понял и шагнул в салон. Без извинений за поздний час, потому что это не принято в нашем районе; без доброжелательной улыбки, без которой ничего не делается; без стеснения, без которого нет евреев не только в нашем районе.

Цель его прихода была неясна, пришёл он в поздний час без предварительного звонка (знал, что я дома?), и не назвался, и не представился, и не объяснил, кто послал ко мне, что желательно для расположения к доверию.

Я смотрел на него, а вот на меня, с кем пришёл советоваться, он не смотрел. Он что-то путано говорил о стене, окне, дневном свете и покупке квартиры, а взгляд его блуждал по салону.

Я попытался опередить его вопрос: можно ли всю переднюю стену салона сделать сплошным окном?

Он подтвердил, что именно этот вопрос его интересует.

– А зачем это вам? – удивился я.

– Так хочет моя жена, – сказал он голосом образцового мужа.

Внутри меня кольнуло – жена ждёт.

– Можно, – ответил я на его вопрос. – Но количество света в салоне – последнее дело при покупке квартиры.

– Пусть это так, – возразил он, – для меня главное, чтобы моя жена была довольна.

А моя права, что я занят только своими делами и даже сейчас, когда ждёт, я занят антикэгэбэшной книгой. Она этого не поймёт, но она страдает не из-за меня, а из-за моего творчества. А в нём виноват не я, который получал три с плюсом за сочинения в советской школе и никогда не взялся бы снова получать три с плюсом от общественности, а виноваты кэгэбэ – и там, и здесь.

Мне надоело любить жену ближнего моего, как самого себя.

– Так делают на побережье, там жарко, душно, но чтобы в Иерусалиме... – сказал я с иронией. – У вас есть деньги?

Он пошёл к двери. Ни спасибо за совет. Ни тебе извините, что помешал. Ни благодарного пожатия руки.

Одна его нога была над лестничной площадкой, когда я спросил:

– Как ваше имя?

Некоторое время он стоял на второй ноге, которая ещё была в салоне. Задумался.

– Даниэль, – сказал он в лестничный пролёт. И смотрел туда. И ушёл туда.

Ко всем чертям! Сейчас же займусь только моей. Пойду к ней и для начала удивлю её – поставлю танго.

...Сидели притихшие.
Слушали танго.
Два шага – вперёд, один – в сторону.
Рука на талии.
Рука на плече.
Два шага – вперёд, один – в сторону.
Та-а-анго, та-а-анго.
Ноги встают и ведут.
Два шага – вперёд, один – в сторону.
Рука в воздухе, где была талия.
Нет руки, что была на плече.
Два шага – вперёд, один – в сторону.
Та-а-анго, та-а-анго.
Нет руки, что была в руке.

Два шага – вперёд, один – в сторону...

Только запишу, чтобы не забыть.

И ещё только выясню. Пока набирал телефон навести справки, вспомнил с нежностью, как однажды заделался частником и сказал ей, чтобы брала квитанции за покупки, которые можно списать на моё дело, а она постоянно забывала их брать, но через год напоминаний наконец принесла первую квитанцию за трусики и лифчик.

– Алё! Не поздно? – Я позвонил семье, которая знает всех в районе, выяснить, кто такой Даниэль и кто послал его ко мне. Выяснилось: он с женой снимают маленькую квартиру, собираются покупать другую в районе, у Даниэля магазинчик в торговом доме на последнем этаже, а кто послал ко мне – не знают.

Ко всем чертям! Занимаюсь только моей.

Жена не дождалась и спала. Я вернулся в закуток. Самое время для работы. Но сейчас займусь только моей: она – самый лучший материал для антикэгэбэшной книги. И как женщина она необходима в детективно-криминальном жанре, в котором меня принуждает работать кэгэбэ.

И вот пишу с нежностью о ней, которая сопровождает меня во всех переделках в детективно-криминальной прозе моей жизни.

Однажды шёл «на дело», кэгэбэшники уже давно околачивались во дворе, а она стирала в корыте в кухне коммуналки, стиральной машины у нас не было. Стоял рядом и объяснял:

– Если я через час не позвоню, то ты звонишь по этому телефону, – водил клочком бумаги с телефоном над корытом перед её склонённой головой, – и скажешь человеку, что я не позвонил.

– Хорошо, – она пошарила в пене и выудила из корыта мою рубашку и раскладывала на стиральной доске, которая одним концом опиралась на край корыта, а вторым уходила в пену.

– Что хорошо? – начал нервничать.

– Позвоню, – она черпала ладошкой воду из корыта на разложенную рубашку.

– По какому телефону? – спрятал руку с клочком бумаги за спину.

– А по какому? – она водила куском мыла по рубашке на доске.

– По этому! – затряс клочком бумаги перед её склонённой головой.

– Хорошо, – она тёрла рубашкой по доске.

Обычно всё скрывал от неё, чтобы не пугать, но сейчас припёрло.

– Если через час не позвоню, – сказал как бы между прочим, – значит взяли.

– Ну и что? – она выжимала рубашку.

– Вот тогда позвони по этому телефону, – задействовал вторую руку показывать на клочок бумаги, – и скажи, что взяли. – Я тыкал пальцем себе в грудь.

– Вот ты и позвони, – на меня смотрели большие и рассерженные любимые глаза, – у меня стирка.

Порвал клочок бумаги с телефоном и бросил в пену корыта. Сделал кислую улыбку, которую покажу и кэгэбэшникам, ожидающим меня во дворе.

– Счастливо! – она бросила рубашку в таз на полу и шарила в пене корыта.

Когда на Центральном телеграфе мы прочно засели и не хотели выходить и всех забрали, она первая прилетела на шпильках и в нейлоновом плащике и тоже прочно засела. Потом подошла подмога, по всем правилам снаряжённая, – в горных ботинках, в толстых свитерах до носа, в шапках-ушанках. Снова всех забрали, но потом женщин отпустили.

И только моя побежала разыскивать меня по всем вытрезвителям.

...Та-а-нго, та-а-нго.

Нет руки, что была в руке.

Два шага – вперёд, один – в сторону...

Хотелось плакать.

Какой чудный вечер.

Завтра будут упрёки, что компьютер дороже жены. И скажет:

– Когда ты с этим кончишь? – спрашивает и знает, что не кончу. Горбатого могила исправит. Нееврейские кэгэбэ действуют по этой нееврейской мудрости.

– Когда убьют, – отвечаю тоном, как о прогнозе погоды на завтра.

Наверное, ей нужно слышать не этот мой стандартный ответ, а спокойный тон, который оставляет ей надежду, даже если употребляю пугающие слова. Но я её не пугаю. И покушение не напугало её. Боятся не прошлого, а будущего. А радужного будущего у женщины не отнять. В мои предсказания страшного она не верит – нет пророка в своём городе. Один раз в таком разговоре она спросила про покушение: «Кого-то нашли?» Я долго печально смотрел на неё – в этом вопросе вся женщина; смотрел так долго, пока не увидел, что она начала самостоятельно думать; потом покрутил пальцем возле виска, и этот вопрос больше не повторялся.

– Тебе нечего делать? – ей тоже хочется говорить в спокойном тоне о моих неуместных шутках.

– Читай, пока жив, – не оставляю ей надежды и возможности говорить в моём спокойном тоне.

Моё спокойствие – от моего выбора: или я, или кэгэбэ – вместе мы не можем; я им дал до восемнадцатого года; что́ они дали мне – их дело.

Женщина не выбирает между жизнью или смертью. Она выбирает бояться:

– От твоих книг становится страшно.

Читать о страшном и быть спокойной, как я, она не может.

– А эту ахинею читать можно? – суну под нос её чтиво.

– Чтобы не думать, – закроет красивые глаза, полные страха. – Зачем это тебе?

– Не-на-ви-жу! – выскажу без интонации неизменное чувство к врагу.

– Тебе больше всех надо? – спросит, как о чём-то плёвом.

– Это мой долг перед предками, – скажу как всегда тихо.

– Твой долг перед твоей семьёй, – сердито вспыхнут красивые глаза. – Разве есть что-то важнее?

– Убили «мой Израиль», – так ответил только один раз, и тогда она театрально показала на меня рукой и криво усмехнулась. Больше на её вопрос не отвечаю и заканчиваю разговор проигравшим, чтобы только ей было хорошо.

Моего никогда не читала и не будет читать. Поэтому я пишу свободно, не оглядываясь на её мнение. Книга будет валяться. Она не прочтёт даже украдкой от меня. Не притронется. Только после убийства. Когда уже нет никаких страхов. Будет читать, чтобы разобраться, кто был с ней рядом так долго, ведь при жизни каждый видится не так, как после смерти. И в этом месте найдёт старый подарок, который был запихнут куда-то, как ненужная подарочная ваза.

«Если с утра прийти к мысли, что всё трын-трава...

А если с утра не прийти самому к какой-нибудь мысли, то неизвестно ещё какая придет сама. Может прийти такая, с которой и делать что неизвестно. Так уж лучше самому прийти к какой-нибудь мысли.

Так вот, если с утра пришли к простой мысли, что всё трын-трава, то отправляйтесь в горы пасти кого-нибудь...

Сразу, как определитесь, напишите письмо жене о том, что прежней жизнью больше жить нельзя. Без упреков, беря всё на себя. С пожеланием ей всех благ и здоровья. С уверенностью, что она ещё найдёт в жизни своё счастье, которое не смогли (так и пишите) ей дать. И обратный адрес – только для того, конечно, чтобы знала, что имела дело не с подлецом, и чтобы самому ещё раз убедиться, кого она потеряла.

Детям тоже напишите, но не сразу, а через несколько лет, когда им можно будет объяснить, что вы их маму любили и что ни вы не были неправы, ни она не была неправа, а просто – сэ ля ви.

Друзьям не пишите. А если кто-нибудь из них по путёвке заберётся к вам в горы и будет глупо улыбаться, встретив вас, то лихо заломите папаху, громко гикните и гоните отару ещё выше в горы, куда с путёвками уже нельзя.

А на традиционную встречу однокашников пришлите телеграмму «ПРИВЕТ С ГОР» для смеха и бочонок вина – чтоб знали наших!

Не пишите и своей давнишней подруге, надо чтобы она сама обо всём узнала и сама предложила делить вашу бурку пополам, что будет льстить кому угодно, но не вам, начавшему новую жизнь по причинам высшего порядка.

А свои мысли записывайте в дневник. Например, о своем волнении за детей: «Поймут меня в будущем дети?» Все это пригодится, потому что, как известно, из поступивших подобно вам вышли личности незаурядные...

Хорошо с утра прийти к мысли, что всё трын-трава. Потому что если с утра не прийти самому к какой-нибудь мысли, то неизвестно ещё какая придёт сама. Может прийти, например, такая мысль: сейчас же с утра пораньше поцеловать жену, потрепать детей, позвонить друзьям и однокашникам (давнишней подруге тоже, наверное, можно позвонить – жена не будет возражать) и устроить что-нибудь такое да так, как давно не устраивали!..

А что устраивать? Дни рождений прошли. Праздников нет... Ничего не устроите, а останется мысль, с которой и делать что неизвестно...

Нет, уж лучше прийти к простой мысли, что всё трын-трава...

И снова отправляйтесь в горы пасти кого-нибудь, пока не проснётся жена».

Описать бы эту интересную сцену чтения в подарок вечный ей...

А кэгэбэ будет ждать?

Завтра мне идти к жене Даниэля и сказать: «Я дал неправильный совет вашему мужу». Это сказать для затравки, а потом спросить: «Вы хотите ломать переднюю стену в салоне покупаемой квартиры?» Но если он дома, это плохо получится. А если он не дома, как знать, что это его жена и, вообще, его ли это дом? Тогда идти в магазинчик увидеть его – а то вдруг знающая семья ошиблась. А потом бегом к его жене, пока он в магазинчике.

И я пошёл в магазинчик через месяц. Так мне тошно от всех этих кэгэбэ. В гробу их видеть – вот на это бы побежал.

Побродил я перед магазинчиком из стекла сюда-туда, вперёд-назад, посидел на лавочке напротив. В магазинчике в глубине за столом сидит моложавый человек. Расхрабрился и вхожу, спрашиваю: «А где Даниэль?» Отвечает: «Я – Даниэль». Человек, работающий за зарплату, на любом полуслове повернулся бы и ушёл. А моя работа за совесть, поэтому говорю ему: «Приходит ко мне один и спрашивает: можно ли сломать стену и сделать сплошное окно?» И если бы этот Даниэль заскучал, то я извинился бы и ушёл, а он слушает про того Даниэля, которого я ищу, а я рассказываю всю историю и только в конце чувствую, что больше не могу отвлекать человека от дела, извинился, а он говорит «ничего, ничего», но я ушёл.

Всегда представлял себе настоящего делового человека именно таким, для которого клиент всегда прав.

Теперь надо искать того Даниэля. Надо-то надо, да неохота.

Долго было неохота, и вот как-то утром он молится недалеко от меня. То не видать вообще, а то совсем рядом. После молитвы складывает талит на столе.

– Даниэль! – обращаюсь к нему.

– Биньямин! – говорит он с достоинством, складывая талит по стрелкам от глажки и не глядя на меня.

– А зачем сказали – Даниэль? – растерялся я, но не он.

– Биньямин! – он любуется своей укладкой талита и смотрит на него то с одной стороны, то с другой стороны.

– Кто вас послал ко мне? – хмуро спрашиваю.

– А кто его знает! – радуется он сложенному по стрелочкам талиту, приглаживая рукой.

Я пошёл на своё место, но вернулся к нему.

– Как ваша фамилия?

Он сухо ответил, не глядя на меня:

– Кутлеров.

Снова звоню знающей семье, теперь о Биньямине. Выяснилось буквально то же: он с женой снимают маленькую квартиру, хотят купить другую в районе, а кто послал ко мне – не знают.

Теперь идти к жене Биньямина, сказать: «Я дал неправильный совет вашему мужу», – это сказать для затравки, а потом спросить: «Вы хотите ломать переднюю стену в салоне покупаемой квартиры?» А если он не дома, опять же, как знать, что это его жена и, вообще, его ли это дом? Значит, прежде всего, надо убедиться, что это его дом, – застать его. А там – как получится.

30

Прошло много дней и недель (как они мне надоели – эти кэгэбэ!). Кончился шабат. И вдруг ноги понесли меня по давно известному адресу – к дому Биньямина. Лучшее время застать всю семью дома. Постучался. Он открывает дверь и приглашает войти. Малыши держатся за его ноги. Я не вхожу и говорю.

– Меня преследует кэгэбэ. Кто сказал вам обратиться ко мне?

На его лице никакого сочувствия к преследуемому и полное равнодушие к кэгэбэ. И словесно никакого возможного выражения: «Да что вы говорите!», или «Не может быть!», или самого простого «Да-а?»

– Э-э-э, – задумался он, – какой-то Эли.

Мне и без фамилии понятно, о ком речь. Ухожу, не прощаясь, забыл включить свет в подъезде, спускаюсь по тёмной лестнице, в светлом дверном проёме стоит Биньямин с малышами.

Эли – маленький да удаленький, с министерской головой. От общественности был начальником строительства большой синагоги, в ней он сидит сразу после шабата со старшим сыном и учит его Геморе.

– Эли, – обращаюсь к нему, – обещай мне, что время, которое потратишь сейчас на меня, вернёшь сыну учёбой.

– Обещаю, – улыбается Эли.

– К тебе обращался кто-нибудь по поводу окон, стен, света и ты послал ко мне? – спрашиваю.

– Да, было что-то такое, – отвечает он, копаясь в памяти.

– Когда?

Вспоминает.

– Месяц назад? – помогаю я ему.

– Возможно, – неуверенно говорит он.

– А два месяца? – уточняю я.

– Может быть, – снова неуверенно говорит он.

– А три месяца?

– Э-э, – кривится, как от лимона, и отрицательно качает головой Эли.

Со дня прихода Биньямина прошли три месяца.

Через неделю ко мне подошёл Биньямин и принёс фамилию Эли. Я сказал «спасибо».

Ещё через неделю я оставил машину на одной из «моих» улиц одностороннего движения, и, когда возвращался к машине, Биньямин стоял сразу за выездом из этой улицы, нажимал на переносной телефон, удобно опираясь на железный заборчик, а я прошёл мимо. Я выехал из этой улицы мимо Биньямина, он на телефон не нажимал.

А ещё через неделю постучался к нему в дверь. Малыши спросили: кто там? Ответил: Михаэль. Открыли дверь. Спросил их: мама дома? Передо мной вырос Биньямин, а в узкой щели между косяком и дверью женщина спешно покрывала голову.

– Я могу спросить вашу жену? – обратился к Биньямину. Он смотрел за дверь, откуда она должна появиться, и в ту же секунду она появилась, оправляя головной убор. И я спросил: – Вы хотите сломать переднюю стену?

Она в испуге посмотрела на Биньямина снизу вверх и преданно потянулась к нему в страхе не за себя. Он смотрел на неё. Что было в его глазах, – не знаю, потому что меня приковало её прекрасное в страхе лицо.

– Мы отказались от этой покупки, – сказал Биньямин.

Он не дал ей ответить на мой вопрос. Помешал.

Я на него не смотрел, а только на неё, восхищённый красотой страха за мужа. Она быстро перевела взгляд на меня и, ещё не потеряв прелестей страха на лице, с облегчением сказала:

– Да, да, мы уже не покупаем.

Вернуться к моему вопросу – получится каша.

– Нельзя ломать всю стену, – сказал я.

И ушёл.

Лист № 10

Мало осталось евреев в мире, и здесь немного, и завозят неевреев. А когда мир узнает правду о нееврейской лавочке, он её закроет – и никаких проблем у мира не будет.

Обвинение № 13

Моё открытие об исчезновении евреев и о «еврейской

статистике», которое может стоить мне головы, – прибавило среди хлопот одну приятность: сразу после вечерней субботней трапезы я отправляюсь на «шалом-захар», уже не при случае, а обязательно и в числе первых.

Мои привыкли и ждут меня к чаю – после моего возвращения.

Добряки района, которые не упускают случая отметиться на «шалом-захар», весело приветствуют: «А вон Бабель пришёл». Благодарно улыбаюсь им. Мы – большая семья.

Жму руку молодому отцу, у которого на этой неделе родился сын, желаю всего хорошего, присаживаюсь к столу среди пришедших доброжелателей и угощаюсь варёным хумусом, семечками и орешками – традиционным угощением. Говорят все со всеми. Умно говорить я не умею, молчу. Грызу себе семечки.

Мама моя была младшая, седьмая среди братьев и сестёр. Помню широкую бабушкину юбку, в которой я путался и прятался. Дедушку и бабушку и одного их сына с его семьёй закопали живыми в Бердичеве. Но большинство из семейного клана остались жить. И в двух следующих поколениях исчезли сами. Широкая семейная фотография: бабушка и дедушка сидят в середине, а вокруг дети, старшие уже женатые, пока ещё все евреи, со своими малютками, а у ног дедушки и бабушки девочка – моя мама. Мне горько за бабушку и дедушку. Страшно, что с ними сделали, ещё страшнее – за дело их жизни – их детей, внуков, правнуков, праправнуков. От дела жизни дедушки и бабушки мало осталось. И меня самого пугает не то, что меня кокнут, а то, что не успел доделать. И каждым новым рождённым евреем утешаю бабушку и дедушку. И себя за них. И когда думаю о них – плачу, а если при людях – то внутренними слезами. Поэтому не тяну с субботней трапезой и бегу утешать и утешаться.

В ту субботу вообще прибежал первым. Счастливая семья организовала «шалом-захар» в маленькой синагоге. Столы накрыты белым, расставлены тарелочки с обычным угощением. Сидят молодой папа и его ещё моложавый папа. Говорю им обычные добрые пожелания по случаю рождения сына и внука, присаживаюсь рядом и грызу хумус и семечки. Представляемся. Я – как старожил района. Молодой папа – совсем недавно поселился и скоро оставляет район.

Говорить не о чем, можно уходить, но я не спешу оставить их одних – у них радость, а вокруг никого, жду подхода хотя бы ещё одного доброжелателя. А пока говорю что-нибудь близкое к их радости: вас не знаю и вы меня не знаете, а я прибежал – ещё один еврей родился! какая радость! после вас бежать в большую синагогу, там тоже «шалом-захар» – ещё еврей родился! вы не знали? и у кого родился, не знаете? я тоже не знаю, но бегу – такая радость! ещё еврей!

Молодой папа и его папа разделяют мою радость.

Но я не убегаю – из пришедших я пока один. Грызём семечки-орешки. Говорю: мало осталось евреев в мире, и здесь немного, и завозят неевреев. Говорит старший папа: нас хотят уничтожить. Говорю: поэтому я рад ещё одному еврею.

Тут приходит ещё гость, поздравляет папу и дедушку и присаживается к столу. Мне сразу уйти неприлично, мол, только и ждал этого момента уйти и травил что попало. Но совсем не поэтому говорю: происходящее в государстве определяется нееврейским большинством, поэтому умные евреи против референдума по любому вопросу, чтобы не было прецедента, ведь нееврейское большинство скоро выскажется окончательно против евреев и еврейского государства. А когда мир узнает правду о нееврейской лавочке, он её закроет.

Теперь можно бежать на второй «шалом-захар».

А в следующую субботу – я на очередном «шалом-захар» среди первых немногих, чуть в стороне пристроился на конце длинного стола, грызу семечки, думаю своё.

Старенькая мама уже чаще не узнаёт своих. Среди братьев и сестёр – она долгожительница. Рассказывая о жизни у моего дедушки, как-то вспомнила обиду на него, что не разрешил читать газету «Правда». А я увидел в этом, как дедушка сопротивлялся наступавшему большевизму и еврейскому обвалу. Мама получила свою стройку коммунизма: я с сестрой, маленькие, сидим возле круглой железной печки в будке на стройке; иногда дверь открывается и видно, как мама поднимается по наклонной доске вдоль стены; руки её вывернуты назад и удерживают стопку кирпичей, упирающихся в её спину. А от еврейства осталась только одна мольба мамы: «Гойку не брать!» И вот дедушкины праправнуки идут дорогой Торы. Спасибо бабушке и дедушке.

— Это ты говорил о неевреях в прошлый шабат? — вопрос как на допросе.

Где это я? Выбираюсь из воспоминаний. Передо мной по другую сторону стола молодой «следователь», лицо знакомо, иногда видел в синагоге. На меня не смотрит — вопрос как бы невзначай, быстро берёт со стола и справа, и слева, пробует из бутылки, стоящей перед ним.

Молодой папа и его моложавый папа, у которых был на «шалом-захар» неделю назад, не из этого района и заводить мою пластинку не станут там, где принято говорить умное, а не политику. Значит, «настучал» единственный свидетель разговора.

— Да, — сознаюсь, — в государстве больше половины неевреи и завозят неевреев.

Любой житель Иерусалима сам знает о неевреях, которых в святом городе полно, и если с ним говорить, мой рассказ веселит его: «Ну, даёшь!» или машет рукой, мол, галут. Такого не волнует, что происходит в этом государстве-галуте. Но бывают и растерянно улыбающиеся: «Будет хорошо». Когда я им отвечаю, что в Европе ещё совсем недавно тоже так говорили, они стыдливо смываются.

— У тебя есть доказательства? — продолжает «следователь» как об малоинтересном, дотягивается до бутылки на столе за спиной и пробует и из неё.

— Конечно, — говорю, — до создания государства и после в аэропорту и в портах записывали всех евреями; есть свидетельства о неевреях из газет; писатель Марголин писал о множестве неевреев; а в наше время об этом свидетельствуют люди, например, сопровождавщие самолёт рассказывают, что в самолёте были почти все неевреи. Это скрывается, и люди не знают, что евреи меньшинство в государстве. А это знать надо.

Ещё немного говорим. Но на «шалом-захар» не засиживаются. «Следователь» встаёт и говорит самому себе:

— Да, знать надо.

И уходит.

После субботы и вечерней молитвы возле синагоги натыкаюсь на «стукача». Хочу его спросить, кто настучал «следователю». Но так как он не один, то пока пытаюсь заглянуть в его глаза, что не получается, потому что он меня «не видит». Он держит ребёнка за руку, с кем-то беседует, я назойливо напротив, но он продолжает не видеть. Потом, беседуя уже с кем-то другим, он медленно идёт домой, а я совсем рядом, как будто иду с ними, и ловлю его глаза. С моей стороны это было навязчиво и вполне достаточно, поэтому на повороте к моему дому я ухожу.

Утром «следователь» молился прямо передо мной. Только в этой синагоге шесть миньянов утром.

И что-то часто молимся вместе. Но никакого интереса к продолжению темы, про которую не раз спрашивали весёлые евреи: «Бабель, что новенького?», а следователь только сказал задумчиво: «Надо знать». Вот такой скучный «следователь» Йонатан Фогель.

Лист № 11

«Государство Израиль, называемое демократическим, на самом деле является тимократическим (по Платону, тимократия, т.е. власть честолюбцев, принимает особо уродливую форму честолюбия ничтожеств, она возникает параллельно аристократическому правлению и переходит в олигархию, которая, в свою очередь, переходит в демократию, из которой возникает тиранический строй)».

Обвинение № 14

В ежемесячном бюллетене на несколько сот читателей была рецензия на мои книги и адрес для их заказа. Пришли два заказа – цифра астрономическая. Покупать неизвестного по рецензии тоже неизвестного?! Нормально – когда ни одного заказа. Один заказ – явно сумасшедшего. Но два заказа?! Выслал и жду. Сумасшедшего не жду. Жду другого. Не долго ждал. Звонок:

– Это вы? Я прочла. И скажу вам, что не всё так, как у вас.

– Уважаемая, конечно, не всё так. Но я занят.

– Хорошо, позвоню позже.

Днём позже:

– Вы знаете, не все уедут. Те, кто уезжают, оставляют своих родителей.

– Уважаемая, у меня внуки. Я занят.

– У меня тоже внуки. Позвоню позже.

Книг моих она не читала, о книгах сказать ей нечего. Купить мои книги – это не задание. В кэгэбэ их десятки – любой адрес, в который посылаю, кэгэбэшный. Так какое задание?

Ещё днём позже:

– А вот этот, как его... Рецензия его... – говорит как бы невзначай.

Но это не спасает. Тональностью не скрыть задания. Нужен предварительный разбор прочитанного, потом оценка рецензии, потом интересный рассказ про внука, который пишет стишки, которые она хотела бы послать на рецензию не к «этому... как его...», а к уважаемому поэту – вот после этого выполнять задание.

– Уважаемая, вы мне больше не звоните, – просьба воспитавшего себя человека.

– Хорошо, дайте его телефон! – прямо рубит своё задание.

– Я отключаюсь, – сказывается прекрасное самовоспитание.

– Ну, только его телефон! – почти умоляет, ведь надо же выполнить задание.

Отключился.

Зеэв Зорах, талантливый поэт, известен пока немногим. «Засветился», оказав мне честь рецензиями на мои книги:

«...Официальная история, которую некогда по должности писал Прокопий Кесарийский, покрывала собой ту Тайную Историю, где он, рискуя жизнью, открывал истину для потомства. Словом, делал то, к чему призывал А.С. Пушкин: оставлять свидетельства, чтобы могли на нас ссылаться.

Одно из таких свидетельств представляют собой книги Михаэля Бабеля...

...Какой признак отличает человека, живущего в стране свободно-демократической, от человека, живущего при любого

рода тираническом строе? — *Такой человек не боится высказывать свои чувства и мысли. Кроме того, не боится за свою жизнь.*

Но есть большая разница между тем, где и как высказывает даже такой человек свои суждения: наедине с собой, в узком кругу друзей или публично. Мы знаем, что великий Оруэлл, живя будто бы в демократической Англии, вовсе не так уж был свободен в высказывании своих мыслей. Ему приходилось преодолевать пробольшевистскую ориентацию так называемой интеллектуальной элиты.

Что же говорить о других странах, не столь "демократических"?

На этот вопрос хорошо отвечают книги моего друга Михаэля Бабеля, который оказал мне честь, поместив мой печатный отзыв в своей трилогии. В частности, в этом отзыве я указал, ссылаясь на Платона, что государство Израиль, называемое демократическим, на самом деле является тимократическим (по Платону, тимократия, т.е. власть честолюбцев, принимает особо уродливую форму честолюбия ничтожеств, она возникает параллельно аристократическому правлению и переходит в олигархию, которая, в свою очередь, переходит в демократию, из которой возникает тиранический строй).

"Последняя утопия" М. Бабеля говорит нам о том, что́ должно оказаться роковым для существования государства как еврейского; "Предобвальные будни" – хроника того, чего следует опасаться человеку в израильской "демократии"».

Найти для него плохонького поэта-кэгэбэшника – не просто, все уже приставлены, куда надо. А телефонная кэгэбэшница – тоже не простой вариант – надо сделать рекомендацию, чтобы можно было позвонить: «Мне посоветовал связаться с вами Михаэль».

А перед этим звонить по переносному телефону, писать письмо, платить за книги, тащиться по жаре на почту к почтовому ящику, за который надо платить из года в год, – чего вдруг?

Чтобы не читать книги, которых как котов на помойках?

Вопросы к кэгэбэ по адресу: почтовый ящик 6275, Егуд 56213.

Лист № 12

Участок влияния на умы – книжный фронт – как и всё в государстве, схвачен кэгэбэ.

Обвинение № 15

В 1990 решил перевести книгу «Мой Израиль» на иврит, хотел похвалиться. Если с годами окажется хорошей, простится эта слабость.

Показали мне на ещё молодого переводчика; об одном его переводе говорили и писали в литературных разделах.

Добрался до его дома, он посмотрел на меня – и я увидел свою цену; уговаривал его перевести – он взял прочесть.

Перевести меня – литературным событием не будет. Никакое издательство меня не захочет; напечатаю свою смехотворную тысячу; но без издательства получу в магазинной империи Стеймацкого только красивую похвалу: «с неизвестными писателями не работаем». Переводчик это знал, а я не знал.

Потом догадался: этот участок влияния на умы – книжный фронт – как и всё в государстве, схвачен кэгэбэ.

Не может человек, продиравшийся по траншеям фронтов того и этого государства «не видеть» их похожесть.

А если гомосос? (Это русский писатель Александр Зиновьев сократил «гомосоветикус» в «гомосос» – его патент.)

Описание А. Зиновьевым гомососа т о г о государства верно для гомососа э т о г о государства.

Гомосос большого народа вырос только в том государстве, а гомосос малого народа вырос в том и в этом государстве, что укрепляет вывод писателя двадцатипятилетней давности:

«Мы-то (русские – М.Б.) как раз и послужили той исходной основой, из которой великие селекционеры-коммунисты вывели современного гомососа. Но мы остановились на полпути к современному гомососу и погрязли в мелочном самоанализе. Другие народы опередили нас и в этом».

Понятно и без лишних слов, но обвинять А. Зиновьева в антисемитизме – такое ему не причитается.

Писатель в своём описании не дошёл до дважды гомососа. Тема не закрыта. И для меня.

Ещё несколько именитых переводчиков меня забраковали однозначно.

А меня не устраивал простенький перевод для этой книги: хвалиться – так хвалиться.

Согласилась пожилая переводчица, которую тоже рекомендовали.

Ставшие пожилыми, которых привезли малыми детьми, – самые лучшие переводчики. У них ошибки только в языке их детства. И если книга хорошая, то будет хорошей и на иврите.

Я её никогда не видел. Рукопись послал, ей понравилась, по телефону уточняли непонятности в тексте, довольно-таки быстро вернула перевод, и я заплатил. Редактору было мало работы. Потом послал несколько экземпляров переведённой ею книги. Она очень благодарила.

Между нами сохранились хорошие отношения людей, которые общаются только по телефону и не видят друг у друга недостатков, даже каких-нибудь малых внешних.

Прошло десять лет. Я попросил её перевести книгу «Мудаки». Мы радостно беседовали. Она жаловалась на здоровье, на глаза, но хотела помочь и начала переводить. Но позвонила, что глаза плохо видят и она не понимает текста. Прислала восемь листов перевода и просила не платить – сожалела, что у неё уже не получается.

Эту книгу перевели в другом месте. И в третьем месте перевели книгу «Прощай, Израиль... или Последняя утопия», потому что увидел, что получилась трилогия: «Мой Израиль», «Мудаки», «Прощай, Израиль... или Последняя утопия».

Равных моей любимице переводчиков не было у меня. Поэтому переводы приводил в порядок вместе с редактором.

В одном переплёте сделал трилогию, которая начиналась книгой «Мой Израиль» с её переводом.

Пока приводил в порядок трилогию, появилось предсказанное в трилогии продолжение – книга «Покушение». Поэтому перевёл и это.

Всё вместе я послал ей с благодарной надписью, в которой

было слово «любовь».

Она позвонила немедленно. Как ребёнок радовалась подарку. Благодарила, обещала прочесть и сразу позвонить...

Обвинение № 16

Много лет назад в книжном магазине, и в нём же контора по перевозкам, было объявление о переводах. Переводчик оказался молодым, способным, недорогим, переводы правильными.

Меня это устраивало, пока не пришла очередь письма-листовки «Советским диктаторам».

Переводчик пропал, на звонки не отвечал, случайно встретил на улице, спросил, в чём дело, он сказал, что в компьютер вошли вирусы. Продолжать с ним не хотелось.

Прошло несколько лет. И когда моя любимица не смогла переводить книгу «Мудаки», решил ещё раз попробовать с ним. Он согласился – деньги всегда нужны. Из-за отсутствия доверия я сел с ним за перевод, чтобы не было отклонений от моей генеральной линии.

Наверное, для него, как и для меня, все были мудаками, а я для него – главным мудаком. Поэтому вдохновенно и быстро перевели под его руководством.

Я обрадовался и сразу предложил перевести книгу «Покушение» – первую часть книги «Предобвальные будни», которая оказалась продолжением трилогии.

Первыми страницами там было покушение на меня. А дальше – то, что вокруг покушения.

Он снова пропал...

Обвинение № 17

Перевести книгу «Покушение» оказывалось проблемой. Бессмысленно было обращаться к профессионалам. Решил обойтись любым переводом и спихнуть на редактора.

Искал в кругу «своих». Чтобы не терять время на отправку рукописи, её чтение и отказы, я коротко рассказывал о покушении. Несколько человек отказали сразу: нет времени. Одна женщина согласилась, но я всё ещё привередничал – хотел, чтобы подписывались под переводом, этого она не хотела.

Хотел было сам перевести, но у меня из-за неспособности к языкам получается медленнее медленного.

Выручили совсем юные молодожёны, которые по молодости не пугались подписывать. Я уже слабо настаивал на подписи, а так как в тексте были матерные ругательства, и юное создание никак не могла бы их подписать, а она была главным переводчиком, а подпись только одного супруга – нечестно, то с молодым человеком мы вместе махнули моей рукой на подпись.

Всё было переведено, теперь дело было за редактором.

Лист № 13

Кэгэбэ сидит в каждом – местным отделением.

Обвинение № 18

Редактор знал меня много лет. По-русски он знал только несколько слов не от меня.

Он и я работали тщательно, поэтому часто и подолгу сидели вместе над книгами. Я хотел его благодарить, поэтому о цене не говорил и старался платить немедленно, когда получалось.

Раз он поинтересовался, как мои дела. Сказал, что жена болеет. Он стал молиться за здоровье моей бат-Симы.

Я видел, что он не из «своих». Когда работали над книгой «Прощай, Израиль... или Последняя утопия», спросил его: «Тебе не мешает, что я пишу против властей? – и чтобы ему было легче ответить, добавил: – У меня другое мнение. Должно быть право на это?»

Он согласился, что может быть другое мнение, и поинтересовался, чтò я сделаю с книгами. Он знал, что в книгах я даю имя переводчика и редактора. Сказал, что разошлю по всяким верхам и много в кнессет. Он одобрил и назвал несколько фамилий, скромно сказал, что они знают его, и спросил, пошлю ли им. Я сказал, что они в списке. Он был доволен.

Потом я пришёл с книгой «Покушение» – первой частью книги «Предобвальные будни». Над «Покушением» мы сидели несколько раз, но уже после первого визита он не закрывал входную дверь и выглядывал из неё, пока я не заходил в кабину лифта. Я махал ему – закрывай дверь, будет хорошо, а он напоследок говорил, что молится за мою бат-Симу.

Потом я пришёл с одним листом – началом чего-то нового, про которое сам ещё не знал, что оно начало этой книги «Суд» – второй части книги «Предобвальные будни».

Редактор напряжённо склонился над листом моего иврита, затих, долго не поднимал головы.

Пришёл не несчастный писатель, на которого покушаются, а человек, которого государство будет судить за уголовные дела.

Промокший и продрогший, я не хотел в этот вечер перечить его жене дать мне горячий кофе согреться. А она уточняла, какой кофе, но редактор поднял покрасневшее лицо и велел ей дать без лишних расспросов.

Я ещё не знал, в какую форму облечь происходящий в книге «Предобвальные будни» поворот, но то, что поворот будет, становилось с каждым днём понятней после получения повестки в суд. Как раз закончил в книге «Покушение» главу «Приглашение к убийству» – убийству меня, и задумался, как писать дальше, пока кэгэбэшники не убили. И когда задумался, пришла повестка, которая подтолкнула начать первую страницу в книге, про которую ничего не знал, кроме того, что будет книга с таким названием – «Суд». Но какой она будет? – ещё не знал. Поэтому первая страница книги была сырой, требовала правки, и не одной.

Кофе кончился, редактор отдал исчёрканный красными чернилами лист, и я пошёл к выходу. Ждал кабину лифта, а из приоткрытой двери смотрело его испуганное лицо.

На следующий день внёс исправления редактора и свои улучшения текста и отправил на его электронный адрес. Позвонил, жена редактора сказала, что он уехал на несколько дней. Ещё через день снова улучшил текст и отправил. Попросил жену редактора передать, что прежний текст не считается. Она предложила звонить ему и сказать всё, что хочу, только ему. Его телефон не отвечал. Снова исправил текст и приблизился к нужному мне варианту начала книги – теперь знал, как её строить. И тоже отправил.

Наконец дозвонился до редактора, попросил прежние варианты не считать, а если он уже затратил время на редактирование, чтобы не забыл учесть в окончательной цене. Спросил, нуждается ли мой перевод в пояснениях? Он ответил, что посмотрит.

Всего-то текста была страница, время шло, а редактор не звонил. Это было необычно.

Я долго не решался, а когда позвонил, спросил осторожно: может, что-то неясно?

Он знает, что меня прослушивают, немногословен со мной по телефону, никогда не скажет лишнего, кроме как «исправил, можешь забрать».

Выпалил громко и нервно: «Не ясно, кто сумасшедший!»

Но в тексте было только об одном сумасшедшем.

Я выключил телефон...

Редактор позвонил через три месяца. На тот момент прошёл месяц и пять дней, как я не явился в суд.

— Как жизнь? — спросил он.

Моя первая и горькая мысль: «Ну, вот, портят книгу».

Может оказаться, что не один он такой шустрый.

Накануне отправил некоторые страницы, в которых было и про него, юному созданию для перевода. И крепко испугался, как будто сдал книгу в печать и теперь будут изменения. Пробилась мысль, что испугался не за книгу, а за свою беспомощность перед человеческой изворотливостью. Ведь вот — он окружает, а я ухожу в круговую оборону и не упрекаю его — не применяю не конвенциональное оружие, чтобы прорвать окружение да ещё и самому атаковать, и ответил из глухой обороны:

— Как обычно. Рассылаю.

— Есть отклики? — спросил он, начиная взрывать мою оборону.

Опытный боец, он понял, что упрекать не буду, и из окружения не буду вырываться, сдамся на милость победителя.

— Было несколько формальных писем и только один ответ, — начал я отодвигать неприятное пленение, но хвалиться долго было нечем, и я прочёл весь ответ: «Благодарственное письмо Михаэлю Бабелю за книгу. Министр благодарит тебя за то, что прислал первые страницы твоей книги «Суд». Министр желает тебе удачного продолжения в написании книги и надеется, что заслужишь увидеть эту книгу изданной вскорости». Подпись – личная помощница министра.

О письме он отозвался тёпло, а я не услышал всех слов, но не высунулся из глубокой обороны, и хорошо, что не услышал и не высунулся – тёплые слова сильнее взрывчатки – пошла трещина по обороне.

– Что с женой? – Он оглушил взрывом, появилась дыра в обороне.

Ответил, как было, без лишних слов, лишь бы заткнуть дыру, но он успел вставить в неё заряд большой силы и рванул:

– Продолжаешь писать? – спросил он меня через образовавшийся пролом в обороне.

– Пишу, выставляю в Интернете, – вяло ответил я, готовый сдаваться на милость победителя после следующего сокрушительного последнего взрыва.

– Тебе нужна моя помощь? – вот этот последний страшный взрыв, после которого я сдаюсь, – но этого взрыва не последовало.

И никогда не узнаю, что ответил бы.

Но вот что знаю: после сдачи пришёл бы с этим текстом.

Случилось не обычное: мы одновременно попрощались.

И я понял, что это он был в круговой, глухой, глубокой обороне и не выдержал моей атаки без упрёков.

Приятно, что работал с хорошим человеком.

Может, это его молитвой Всевышний помогает моей бат-Симе...

Через две недели меня занесло разобраться с платами за воду. Сидел за одним из столов, отгороженных перегородками. В пустой зал вошёл человек, оторвал номерок и пошёл к столам с перегородками. Это был редактор. Узнали друг друга, обрадовались, жали руки, а он приглушённым голосом желал мне всего-всего.

От неявки в суд прошёл лишь месяц и ещё двадцать дней. Если так пойдёт, – на кэгэбэшном процессе он будет моим свидетелем защиты.

Лист № 14

И нет утешительного варианта: мол, кэгэбэ малюсенький, занимается только нехорошими.

Обвинение № 19

Тридцать лет назад московский знакомый, тоже новоприбывший, привёз к нам супругов-писателей. Вернее, это они привезли его на своей машине.

Я тоже стал другом главы писательского семейства.

Он был старше, умный, честный.

Хотелось его слушать.

Его преследовали англичане, он сидел, они же его ещё и в какой-то лагерь сослали, он как-то вернулся.

После Шестидневной войны он поселился под Иерусалимом среди арабов в квартире сбежавших. Оружия у него никогда не видел.

Как-то он поведал, что он из крепко верующей семьи и, когда началась борьба за независимость, сказал себе, что пришло время делать другое.

Мы занимались каждый своим делом, очень редко виделись, я с радостью находил повод для встречи.

Каждую новую книгу я посылал им, даже на непонятном им русском. Так любил его.

Трилогию и книгу «Покушение» тоже послал. И послал письмом первую страницу будущей книги, где меня тащат в суд.

Когда прошло очень много времени, я позвонил:

— Шалом, друг! Это Михаэль Бабель.

— Михаэль Бабель! — крикнул он. Мне он так никогда не кричал. Короткий шок. Отдёрнул трубку выключить телефон, а он говорил, и я не услышал слова, которые уже никогда не буду знать, но не выключил телефон и услышал только последнее слово: Шалом!

Оно дало мне возможность спросить:

— Ты получил книги?

— Не помню.

Я цеплялся за последнюю возможность:

— А письмо?

– Не прочёл.

– Всего хорошего, – попрощался.

– Всего хорошего, – ответил.

Лист № 15

Не бывает кэгэбэ в маленьких дозах. Это не лекарство из бутылки, которую уже не закрыть.

Обвинение № 20

8.6.1998. Демонстрация на площади Давидка возле пушки. Театральная лестница от памятника спускается к улице Яффо, широкой в этом месте. За памятником две улицы – расширяют площадь. Место просторное, видное отовсюду.

Рынок и магазины дают много зрителей-пешеходов. Светофор на большом перекрёстке надолго останавливает движение, площадь заполняют машины – прибавляются зрители-пассажиры.

Привлекает внимание не жиденькая демонстрация в несколько человек, а непривычные слова в обрывках фраз из мегафона среди шума площади и эти же слова на транспарантах, болтающихся на ветру. Перед памятником демонстрант с мегафоном. Сбоку от него несколько прохожих образуют очередь к столу, один склонился, пишет. Ниже, на лестницах, зрители-прохожие.

Перед кричащим в мегафон демонстрантом останавливаются два кэгэбэшника с недобрыми намерениями: молодые, рослые, мускулистые. Говорят как бы между собой, но намеренно громко.

– Перевернём всё к ёбаной матери! – слова одного.

– Сбросим их на хуй! – слова второго.

Сказано на красивом русском.

Вряд ли что-то поняли толпящиеся вокруг наблюдатели непривычной демонстрации.

– Убирайтесь вон! – не сдрейфил демонстрант и закричал в мегафон на красивом русском:

– Убирайтесь вон! Убирайтесь вон!

И продолжил на красивом иврите кричать девиз демонстрации:

– Лаацор эт яву гоим! Лаацор эт яву гоим!

А потом на красивом англо-иврите:

– Гоим, гоу хоум! Гоим, гоу хоум!...

На «Русском подворье» всегда тянут с разрешением на демонстрацию. Бланк давно заполнен, но то его не могут найти, то он куда-то подевался, то нет нужного полицейского, то ещё что-то.

Демонстрация не в новость полицейским – не первая, но каждый раз волокита, и на руки не дают разрешения. Наверное, чтобы при случае отнекаться, мол, не давали разрешения. Тянут до последнего часа.

– Ну что ты беспокоишься? – увиливает полицейский в телефонном разговоре в последнюю минуту перед демонстрацией. – Есть разрешение у меня в столе.

– А что я покажу, если потребуют разрешение?

– Не потребуют. Скажешь, чтобы обращались в отделение.

Мне не раз угрожали по телефону. Всегда считал, что это дело кэгэбэшников. Гомососы этим не занимаются – знают, что для этого есть кэгэбэ.

Но угрозы давали повод заполнять в бланке пункт, который обязывает полицию присутствовать на демонстрации.

– А что если провокация? – мой последний вопрос.

– Звони – приедем.

Конец разговора...

Как только кэгэбэшники открыли рот, я уже нервно звонил:

– Провокация! Быстрее! Да-да, Давидка!

От полицейского отделения сюда – по прямой улице за памятником – меньше километра и езды не больше минуты.

Телефон прижат к уху на случай вопросов полицейских и для острастки кэгэбэшников.

И слежу за ними.

Кэгэбэшники вдруг становятся сиамскими близнецами: вместе застывают, вместе как бы вслушиваются в себя, вместе поворачиваются кругом через одно плечо, вместе с одной ноги начинают бежать в правильном направлении – на другую сторону Яффо, даже между машинами бегут вместе.

– Где вы? Быстрее! – кричу в телефон.

– Совсем близко, – отвечают.

Я разрываюсь. Мне бы за кэгэбэшниками бежать, но полицейские не увидят меня на площади и не найдут меня здесь.

Но догнать ещё можно.

– Ну, где? – кричу в телефон.

– Вот! – отвечают.

Как в плохом фильме, на большой скорости, с крутым поворотом, резко тормозит возле меня легковая с полицейским нарядом из мужчины и женщины.

– Туда убежали, – показываю на здание «Биньян Кляль» напротив, через улицу.

Полицейский у руля только разводит руками...

Молодые кэгэбэшники пришли не одни. Велась обязательная съёмка. Чтобы сшить дело. Конечно, не одно дело. И нападение. И угрозы. И общественные беспорядки. И разжигание национальной розни. И ещё.

И начальство было рядом – давать указания, как лучше шить дела.

Кэгэбэшники не просматривали улицу за памятником, по которой прибывает наряд из полиции, чтобы своевременно предупредить молодых кэгэбэшников.

Наряд был кэгэбэшным и находился внутри улицы за памятником – брать нас тёпленькими после удавшейся провокации.

И кэгэбэшники не прослушивали мои телефонные разговоры с полицией.

Я говорил с кэгэбэшниками...

Невозможно, чтобы кто-то кэгэбэ, а кто-то не кэгэбэ, потому что всё кэгэбэ.

И нет утешительного варианта: мол, кэгэбэ малюсенький, занимается только не хорошими.

Потому что не бывает кэгэбэ в маленьких дозах. Это не лекарство из бутылки, которую уже не закрыть...

И не перестроить.

Чем кончается кэгэбэшная перестройка, – уже известно.

Тот же обвал.

Если только не что-то хуже.

Обвал – это ещё хороший вариант для исчезающего еврейства,

которое только для антисемитов всё ещё остаётся «мировым»...

У кэгэбэ будет много вариантов перестроек – до обвала.

Не будет только одного, которого если нет – так нет, и который если есть – не отнять, а если отнять, то только с жизнью: остаться евреем.

От президента до проститутки нет этого варианта – остаться евреем.

Лист № 16

Завозить неевреев кэгэбэ должен, чтобы сохранить свою власть. С евреями не сохранить.

Обвинение № 21

Несколько верующих евреев у стола ставят подписи в поддержку демонстрации. Молчаливы, серьёзны. Мицва не давать пристанища неевреям – какие бы они ни были.

Есть и разговорчивые подписанты, у них внешние признаки еврейства только на лице. Им есть, что сказать о не хороших неевреях.

Пожилой еврей пересекает место демонстрации, осматривает плакаты, укоризненно качает головой демонстрантам, тяжело вздыхает (за это боролись?).

Неевреи, понимающие, о чём демонстрация, обходят стороной, стараются не смотреть.

Спешит пройти ярко выраженная нееврейка, крепко прижимает рослую дочь, погромом сверкают две пары глаз.

Набрёл любопытный незнайка иврита, но, догадавшись, в чём тут дело, отскакивает и бежит вниз по лестницам к своим спутникам, тихо объясняет таким же, как и он, не сведущим в иврите, и они быстро удаляются.

В отдалении молодой парень обнимает молодуху и поясняет ей увиденное, хихикают. Не спеша и стороной обходят.

Никогда не были такие евреи.

Как их много – неевреев! Это только завезённых с севера, которые хорошо знакомы еврею с севера. А вместе с неевреями, завезёнными с запада, востока, юга? И это в святом для евреев городе! А что в «нееврейских» городах?!

Не боятся стоять близко к демонстрантам и плакатам парни и девушки с признаками еврейства не только на лице.

За две ступени до верха останавливается видный человек, с его ростом ему достаточно. Говорит не спеша, громко, не зло, но уверенно:

– Вы боитесь нас, потому что мы умнее вас.

Это не кэгэбэ. Не провокация. Сказано искренне.

Наверное, лидер неевреев.

О себе он даже не догадывается, что завезён чужим кэгэбэ и работает на чужих. Сам-то он уверен, что завезён своим кэгэбэ и работает на своих.

А может, оба кэгэбэ завезли?..

Не мы завезли его. И не нам отвечать, что умнее всех – кэгэбэ.

Завозить неевреев кэгэбэ должен, чтобы сохранить свою власть.

С евреями не сохранить.

Обвинение № 22

На столе для сбора подписей стопка листовок.

Десять заинтересованных в завозе неевреев:

государство

правительства

чиновники

попрошайки

партии

капитал

неевреи

мафия

мир

отметь сам(а) –

Обвинение № 23

Поэтому за несколько лет демонстраций протеста против завоза неевреев ни одной фотографии, ни одной строчки в газетах.

Ни одного сообщения по радио.

Ни одного показа по телевидению.

Письма, факсы и звонки регулярно и заблаговременно сообщали всем средствам информации о демонстрациях.

Со временем делалось это уже формально.

Но один звонок с телевидения был, спрашивала женщина:

– Какая демонстрация?

Рассказываю.

– От какой партии?

– Беспартийные.

– А сколько вас?

– Будет человек двадцать пять, – приврал не немного.

– Организация?

– Нет.

– А кто они?

– Беспокоятся за еврейский характер государства.

– Все русские?

– Не только, – опять приврал не немного.

– Хорошо, будем.

За час до демонстрации звоню:

– Ну, как, будете?

После короткого молчания говорит с сожалением:

– Э-э-э.

– Почему? – спрашиваю.

Молчит.

Я выключил телефон.

Обвинение № 24

Из дома передали номер телефона, по которому меня ищут. Немедленно звоню. По-русски отвечает женщина, что её сын хочет говорить со мной, звонить через полчаса. Прошло полчаса, звоню. Предлагает звонить через четверть часа. Прошли четверть часа, звоню. Поднимает трубку женщина, потом слышу мужчину: «Тебя, гада...»

Я выключил телефон.

Меня сначала хорошо накачали, чтобы больнее было.

Только теперь узнал немолодой голос женщины, властный,

назидательный, холодный.

11.1.98 в «Маариве» были двадцать три строчки текста вместе с заголовком «Чужой язык», оставшихся от моей статьи.

Это она в тот же день выговаривала мне своим холодным голосом без словечка «гад» своего «сыночка». И «советовала» быть осторожнее.

Читает газету на иврите? За первый день недели? Раздел писем?..

Обвинение № 25

Потом позвонил «Игорь» (тел. 09-9505368):

Жена у него еврейка, он приехал шесть лет назад, хорошо устроен, мешают ему евреи; собирается в америки-канады, собирает объявления, как об этой демонстрации, чтобы там доказать, что к нему плохо относились; но там тоже евреи, и это ему мешает, вот когда в России не будет евреев, вернётся туда, но пока неприятно, что евреи управляют Россией.

Я выключил телефон...

Ещё звонок:

– Осёл! Не достаточно, что все сфарадим ненавидят нас? И говорят: "Отправляйся в Россию!" Я еврей, мать еврейка, отец еврей. Нет мне места в государстве из-за таких ослов, как ты. Осёл!

Я закрыл телефон...

Ещё звонок:

– Это ваше объявление?

– Да.

– Я хочу вас спросить, а кого вы представляете?

– Себя.

– Кто вам дал деньги на объявление?

– Мне никто не давал. Вам-то – кто даёт деньги на жизнь?

– А я зарабатываю.

– Я тоже зарабатываю.

– Ну, хорошо. Лишь бы на вас машина не наехала.

– Вы еврей?

– А-а?

– Вы еврей?

– Вы, знаете, да! Я могу вам свой член предъявить. Он обрезанный.

– Нет, вы не еврей. Еврей еврею такое не желает.

– Пожелал, чтоб не наехала.

– Нет, я вас понял. Вы гой!

– А вы подонок!

Я выключил телефон...

Ещё звонок:

– Я, сука, не еврей. Вот. Но я вашему еврейскому государству, как ты его называешь и любишь, даю в год пятьдесят тысяч долларов только в налогах. У меня на работе работают восемьдесят процентов, как ты говоришь, сука, неевреев, которые точно так же, как и я, платят налоги этой стране. И ты хочешь, сука, людей, которые платят налоги твоей стране, лишить права голоса?!

Я выключил телефон...

Ещё звонок.

Я выключил телефон.

Лист № 17

Невозможно, что кто-то кэгэбэ, а кто-то не кэгэбэ, потому что всё кэгэбэ.

Обвинение № 26

Мотоцикл подъехал близко к демонстрации, с него соскочил маленький человек с фотоаппаратом в руках. Неловко припал на колено, поднёс аппарат к лицу, потом отстранил, тяжело поднялся и побежал, чуть не падая, огибая демонстрацию, временами припадая и поднося аппарат к лицу, не целясь, не ища выигрышных точек. Сделав круг, он взобрался на мотоцикл и уехал.

Показали фотографа, а за ним, мол, ждите корреспондента.

Плохая «работа». Систему Станиславского – как жить в роли – не изучают.

Через полчаса показали корреспондента. Со стороны Яффо по широким лестницам быстро поднялся к памятнику стройный, моложавый человек. Отодвинул от стола стул, сел лицом к площади, вынул блокнот и ручку, негромко сказал, что он из газеты «Едиот Ахронот». Ступенькой ниже перед ним собрались несколько демонстрантов.

Блокнот с ответами хранится в кэгэбэ.

Лист № 18
В кэгэбэ приговор не отменяется. Вопрос времени.

Обвинение № 27
В 1972 году в Москве формировалась группа демонстрантов из отказников, которые стремились к активным действиям, чтобы не застрять в отказе.

Первой была демонстрация на Трубной площади.

Туда пришли небольшими группами после субботней встречи у синагоги. В это время уходила телеграмма Брежневу о демонстрации.

Ноябрь, пустой скверик в центре площади был в снегу. Вокруг него на шоссе и тротуарах снег растаял от множества машин и людей.

Шеренга из десяти человек стала большим тёмным пятном. Демонстрантов видели, но к ним не приближались. Кэгэбэшники не мешали, наблюдая с тротуаров.

Случайная пара прохожих набрела на безмолвных бородачей с жёлтыми звёздами на груди. Пара остановилась, как вкопанные. Два десятка глаз разглядывали их. Внезапно мужчина оторвался от женщины, заспешил от страшного видения, женщина поспевала за ним, крича: «Ты куда?»

Кэгэбэшники дали отстоять указанное в телеграмме время.

В сидячей демонстрации в большом зале Центрального телеграфа участников было раза в три больше.

На телеграф прибыли работники московского и всесоюзного отделов виз. Они пытались растащить людей: звали в ОВИР, обещали разобраться. Такое у них было задание, они очень старались, но безрезультатно переходили между столами, за которыми прочно засели демонстранты.

Один из овировцев совсем перетрухал: «Мы бы хотели вас видеть в ОВИРе!» – «А мы вас – в гробу!» – ответил пожилой профессор Давид Азбель. Бывший зэк, он не терял время зря, его голова покоилась на столе, глаза были закрыты.

Улов овировцев оказался мизерным: поднялся нерешительно Гриша Токер, тихий человек, отец семейства. (Уже в Израиле, много лет назад, прослышав, что ему плохо, я позвонил. Был канун Судного дня, и я попросил у него прощения. Он хрипло смеялся. Через несколько дней он умер от тяжёлой болезни – светлая память ему.) Работник пуговичной фабрички, он был единственным с пуговичной секретностью. Мы его очень понимали, а он пошёл на выход с опущенной головой. Через пару часов он вернулся на своё место, встретили его весело, а он у всех сидевших рядом просил прощения. Его успокаивали: с пуговичной секретностью только так и действовать.

Богемному художнику Збарскому, сыну первого хранителя тела Ленина, обещали в ОВИРе настоящий сюрприз, но он в ответ только гордо закурил очередную шикарную сигарету «Марлборо» и, высокий, красивый, богатый, графом вышагивал по залу, и видно было, как он высматривал реакцию товарищей. А они сшибали у него шикарные сигареты.

Поздним вечером, после предупреждения, которого никто не послушался, начали вводить нескончаемой цепочкой высокорослых милиционеров. Демонстрация закончилась заключением на пятнадцать суток.

Особенно опасной и поэтому малочисленной оказалась первая демонстрация с транспарантом на площади Пушкина – всего пятеро участников, считая провокатора.

За ней последовала демонстрация у прокуратуры: десять сели на асфальт у главного входа.

Приближалось время визита Брежнева в Америку...

Вдруг ко мне нагрянула Ида: «Отправляйся в ОВИР, там тебя ждут – есть разрешение».

Ей сказали, что почта отказников сработает быстрее.

В маленькой комнате известный отказникам кэгэбэшник

объявил, что есть разрешение. Я задышал часто, в глазах встали слёзы. Всю дорогу до ОВИРа перечувствовал этот момент сто раз, поэтому дыхание и слёзы были умеренные.

Отрезвление наступило быстро. Меня попросили повлиять на товарищей, чтобы во время визита Брежнева не было демонстраций. А потом я получу разрешение, которое уже есть. Вот оно – смотрите.

Ни о каком сотрудничестве с кэгэбэ не было речи. Меня просто очень по-человечески попросили. Ко мне обратились, как к разумному человеку, который понимает. Попросили. И только.

Первый расклад получался такой: если разрешение получу, то за хорошее поведение, мягко говоря, или за сотрудничество. Но за хорошее поведение разрешение не дают и от сотрудников быстро не избавляются, просят ещё немного посотрудничать, потом ещё… Да и хорошее поведение – оно тоже сотрудничество. А хорошего поведения, которое не сотрудничество, – не бывает такого.

По второму раскладу получалось следующее: если в ближайшее время не выйду самостоятельно на свою демонстрацию, а друзья сами выйдут без меня, ведь они вырываются, как и я, значит, плохо сотрудничаю, и грош мне цена в глазах кэгэбэ. Или им, моим друзьям, начать думать только о моём выезде и не выходить? Тогда бедные, бедные мы. И все мы, не только я, возвращаемся к первому раскладу.

Значит, по третьему раскладу: надо выходить немедленно и самому. Но тогда получалось: «Михаил Шимонович, мы с вами по-хорошему, а вы в ответ хулиганите. А для хулиганов у нас есть суд, а не разрешение».

Далее, при любом раскладе: перед визитом Брежнева и во время визита для таких, как мы, разрешений не будет, – иначе это поощрять демонстрантов на новые подвиги. Но и ждать нельзя. Значит, выходить без всякой надежды на разрешение, чтобы только не было видимости сотрудничества.

Что же это я только о себе и о себе? Друзья тоже хотят вырваться. Им тоже надо выходить, хотят они того или нет, чтобы не было единственного героя, с отъездом которого может стать тихо. Нет другой дороги – всем надо выходить, без всякой надежды на разрешение.

«Ты ошибся, товарищ кэгэбэ. Мы выйдем. Но без меня. Зачем же нам грубо работать? Мы уважаем противника. Ведь и ты это знаешь, кто имеет разрешение, у нас не задействуется. Всё будет культурненько. А ты, конечно, будешь знать, что это и моя работа. Ты всё и всегда знаешь. Это твоя работа – знать».

Я быстро начал собирать друзей. Они уже обо всём знали, кроме просьбы кэгэбэ. Теперь и это знали.

«Надо выходить, – сказал я, – и без меня. Во-первых, наше правило – дать человеку уехать, не рисковать, а во-вторых, ничего не произошло такого, чтобы не выходить».

Я выезжал на горбах моих друзей, – это угнетало.

А то, что они вывозили и себя, – не утешало.

Ведь кто-то может сесть и по-серьёзному.

Я тоже мог сесть.

Всё в руках кэгэбэ, кроме одного, – выходить нам или не выходить.

Состоялось несколько демонстраций и попыток демонстраций, прерванных кэгэбэ.

Самой яркой была подземная демонстрация на станции метро «Маяковская». Я рассчитал, чтобы поезд оказался на станции в самый момент демонстрации и вагон – поближе к месту. На станции – паника. Крики усиливает акустика зала. Люди смотрят в конец зала, многие спешат туда. Поезда с двух сторон стоят, двери открыты. Друзей, окруженных толпой, не видно. Несколько рук над головами и обрывки транспарантов. Наконец поезд трогается, увозит меня и моих топтунов. Демонстранты сели на пятнадцать суток. Всех избили.

Спасибо друзьям, они помогали уехать и мне.

Но до отъезда было ещё далеко, как до Израиля.

Когда они вышли после отсидки, прошёл месяц, как кэгэбэ обещал мне разрешение.

Пришёл мой черёд.

Одного друга-демонстранта, Борю, попросил наблюдать с верхнего этажа «Детского мира»; другого, Валеру, попросил наблюдать от входа в метро «Дзержинская», они прибудут со своими топтунами в назначенное время.

А сам отправился на Лубянку.

Это единственный раз, когда кэгэбэ не знал и мог только догадываться.

Меня «вели» от самого моего дома. На автобусной остановке полная и высокая дама фотографировала через сумочку, которую держала под мышкой. В метро и дальше шли за мной. Я, как обычно, не оглядывался. На подходах к Лубянке буквально приклеились и дышали в затылок. Видел впереди – здоровяки в тёмных очках, только что вынырнув из подземелья и ища меня, стояли у дырки в переходы. Между ними была связь, и они просчитывали мою цель.

Толпы приезжих покупателей как будто сошли сразу с нескольких электричек, забили тротуар в двух направлениях, как вокзальную платформу.

Сквозь них резко рванул к парадному входу сесть на землю. За спиной две пары сильных рук оторвали меня от земли и удерживали на весу. Мгновенно чёрная машина бесшумно прижалась к тротуару, открылась дверь, и я сел на единственное свободное место.

А люди шли…

Мне дали пять дней на сборы.

Через тридцать лет, 6.7.2003, – покушение.

Здешнего кэгэбэ?

За дела здесь?

Или совместного кэгэбэ?

За дела здесь и там?

В кэгэбэ смертный приговор не отменяется.

Вопрос времени.

Лист № 19

Что хорошо умеют делать в Израиле, кроме строительства светлого будущего, – это делать гомососа.

Обвинение № 28

...В кинотеатре «Россия» на Пушкинской «давали» рава Кахане.

Мы, отказники, заполнили половину зала хроники. Кроме нас, евреев, никого не интересует, как советская пропаганда разоблачает «экстремиста». Все ей доверяют без просмотра. Мы, евреи, доверяем больше всех, поэтому заблаговременно готовились к этому походу и с нетерпением ждали его. Наши еврейские ряды только выглядели притихшими, но это безмолвное ликование – видеть, как «беснуется» на экране за наше освобождение рав Кахане, «ультраправый» «экстремист».

У меня были влажные глаза – ничего не мог поделать с собой...

Так и вижу после сеанса: в центре еврейской толпы веселый Иосиф потирает руки: «Ну, даем Брежневу телеграмму: "клеймим позором зарвавшегося экстремиста" и следом наши подписи – Рабинович, Ицкович, Циперович...» Все катятся со смеху...

Но осталась за спиной борьба за выезд, кончилось проклятое прошлое гомососа.

Писатель Александр Зиновьев отметил, что даже тюрьма не меняет гомососа.

Началось проклятое настоящее дважды гомососа – это когда гомосос оказался в Израиле.

Гомососами не рождаются.

Что хорошо умели делать в сэсэсэр, кроме строительства светлого будущего, – это делать гомососа. (Данное суждение не моё, классика А. Зиновьева.)

З а м е с и л и гомососа ультраправыми экстремистами.

Иосиф (с двумя отсидками; этот мой выбор его кандидатуры среди тысяч одобрил бы и сам А. Зиновьев) пишет: «Авигдор – правый ультраэкстремист» с «крайними политическими взглядами» и с «политико-социальным экстремизмом».

З а к в а с и л и гомососа «вражескими пропагандами».

Иосиф: «...подобные свидетельства правого ультраэкстремиста о пытках в ШАБАКе могут быть (о, ужас! – М.Б.) перепечатаны на страницах хамасовской пропаганды».

Р а с к а т а л и гомососа «родными органами».

Иосиф: «...которые защищают всех нас, не исключая и семью Авигдора».

Но «родные органы» защищают «родную власть», а не «всех нас». И защищают «родную власть» и от «всех нас».

В ы п е к л и гомососа «павликами морозовыми» (или в переводе на иврит – «все мы – ШАБАК»).

Иосиф: «Я был поражен, узнав, что он открыто оправдывал убийство Рабина».

А не открыто можно?

А с женой под одеялом?

А громко включив вражеские хамасовские голоса?

Хорошо это говорить в Америке. И оправдывать убийство Мартина Лютера Кинга или одного из братьев Кеннеди. А можно и обоих.

Но говорить так в стране, в которой некто весело болтает по общественному телефону и называет имя убиенного в последующие за убийством дни, а на него быстренько доносят из соседнего телефона! И не успевает веселый болтун повесить трубку, а его уже ждет машина с нарядом...

О с т у д и л и гомососа предательством – бытовым, когда каждый продает каждого: в компании, за бутылкой и без, в салоне, в кухне; товарищ продает товарища, сионист – сиониста, узник – узника, борец – борца.

Иосиф: «Среди наших с ним общих знакомых по еврейскому движению в СССР я слышал о нем, как правило, резко негативные мнения... никто не хотел, некому было его защищать... дела, связанные с Авигдором, всегда скандальны».

В о т и в ы ш е л гомосос.

Иосиф: «Он попросил меня выступить на каком-то очередном суде. Я колебался по вполне понятной причине: это могло быть воспринято так, будто я поддерживаю его позицию».

А между проклятым прошлым гомососа и проклятым настоящим дважды гомососа – счастливое незнание о неизлечимой болезни, ведь неведом был страшный диагноз, поставленный медицинским светилом А. Зиновьевым.

Иосиф: «Не скрою, его кипучая активность в борьбе за общее дело импонировала мне. Когда я отбывал колымскую ссылку, он навестил меня, несмотря на устрашающий 60-градусный мороз. И в

Израиле он оставался очень активным, участвовал в борьбе за советских евреев, в поселенческом движении».

Гомососами остаются...

Что хорошо умеют делать в Израиле, кроме строительства светлого будущего, – это делать гомососа. (А вот это суждение – моё. Но ставлю точку, а не радостный восклицательный знак, потому что подозреваю, что и это суждение принадлежит А. Зиновьеву, который высказался осторожно, чтобы не попасть в антисемиты.)

Амос Оз (этот мой выбор его кандидатуры среди тысяч не одобрил бы А. Зиновьев – есть гомососы получше; это моя протекция – есть на него зуб): «Ещё до того, как Ицхак Рабин был убит, обозначилось такое тайное разделение обязанностей: противники мира (! – М.Б.) и давители демократии (!! – М.Б.) господствуют в стране(!!! – М.Б.). Поборники мира (! – М.Б.) и защитники демократии (!! – М.Б.) сидят дома и хлопают в ладоши (!!! – М.Б.)».

Гомососами умирают...

Лист № 20

Если кто-нибудь из моих друзей, с которыми мы прошли рядом с кэгэбэшными заготовками, которые могли кончиться чем угодно, предаст меня: скажет громко, чтобы другие услышали, или напишет, чтобы другие прочли, – то я расследую это позорное дело тщательно, опрошу, кто слышал или читал, проверю каждое слово, так ли это или мне только кажется, – и если подтвердится, что было такое позорное дело, то не отвечу.

Обвинение № 29

Москва, год 1973, третье мая. По улице Чехова к площади Пушкина медленно идут пятеро. Часто смотрят на часы. Много курят. Говорят коротко:

– Работают чисто. – Не должны знать. – Слишком многим говорили. – Только в общем. – Напрасно. – Иначе нельзя. – А толку? – Поздно говорить. – До угла метров сто. – А там близко. –

Ещё много времени. – Раньше нельзя. – Опоздают, и всё напрасно. – Могут придти раньше. – И с собой приведут. – Лучше раньше. – Тут не угадаешь. – Как будет. – Надо решать. – Останавливаться нельзя. – Идём, как шли.

Доходят до телефонной будки.

Один из пяти:

– Я позвоню.

Входит в будку, остальные рядом у открытой двери. Медленно достает монету, медленно набирает номер.

Говорит в трубку:

– Мама... возможно, буду занят... возможно, уеду на несколько дней... да так, дела... да, тогда она позвонит... целую...

Медленно вешает трубку, смотрит на часы, стоит в будке.

Один из пяти:

– Надо идти.

Пятеро идут. Не разговаривают. Только курят. Выходят к площади. Идут вместе, но уже каждый сам по себе. Ноги, кажется, не идут, но они продолжают идти. Всякие мысли улетучились. Глаза видят только то, что рядом, и не видят голубого неба.

Голоса-мнения:

Первый: «Провокаторы!»

Второй: «Нас мало, мы не должны рисковать!»

Третий: «Мы не можем ставить под удар алию!»

Четвёртый: «Сейчас не время!»

Пятый: «Если садиться, то за дело!»

Шестой: показывает на пальцах одной руки, сколько лет дадут.

Седьмой: показывает на пальцах двух рук, сколько лет дадут.

Пятеро приближаются к витринам газеты "Известия". Быстро вынимают транспарант и растягивают на уровне груди. Сдвигаются плотнее. Вот они стоят лицом к площади.

Один из пяти тихо и весело:

– Состоялось!

Анализ упрощенный: Теперь ход кэгэбэ. Но хорошо отлаженная машина делает первый холостой ход. «Топтуны» мечутся в подворотне, хлопает ближайшая дверь.

Голоса-мнения:

Первый: «Сейчас это можно!»

Второй: «Работают на себя!»

Третий: «Можно подумать, что есть только пять героев!»

Четвёртый: «Там наград за это не выдают!»

Пятый: «Не согласен с такими действиями!»

Шестой: «Провокаторы!»

Седьмой: «Провокаторы!»

А через площадь уже спешат иностранные корреспонденты, по двое на каждого из пяти.

Несколькими днями раньше. Тёмный двор между домами. Ходят под руку жена одного из пяти и иностранный корреспондент. Она не знает, что за ними всегда наблюдают. Он знает это.

Она:

— Вы совсем забыли о нас.

Он:

— Мы всегда помним о вас.

Целует её.

Анализ упрощённый: А хорошо отлаженная машина продолжает делать холостые ходы.

Пятеро. Переговариваются. Что всё предусмотрели, чтобы не «приписали» общественные беспорядки: не препятствуют проезду транспорта, не мешают пешеходам, не нарушают работу учреждения. Что если нужно будет, «припишут». Что не оказывать сопротивления. Что в сквере за кустами видна «своя» и на верхней галерее кинотеатра «Россия» виден «свой», – увидеть их трудно, и спорят, она или не она, он или не он.

Топтуны. Приведённые корреспондентами и подтянутые с ближайших оперативных точек образуют полукруг перед пятью с транспарантом.

Корреспонденты. Перемешаны с топтунами. На тёмном их фоне выделяются светлыми брюками и плащами. Профессионалы и знатоки, умеющие ценить мгновение, они лишь теперь достают фотоаппараты.

Несколькими днями позже. Корреспондент одному из пяти:

— Мы смотрели на вас со слезами на глазах.

Часом позже. «Свой»:

– В «Известиях» открылись окна, и стали высовываться и смотреть вниз. Ещё бежали через площадь. А из углового магазина бежали продавцы в белом. На перекрестке появился регулировщик.

«Своя»:

– Когда они обступили, ничего не было видно. Сначала подумала – бьют.

Пятеро улавливают каждое движение в зоне топтунов и не замечают, как в двух шагах перед ними оказывается пожилой человек, внимательно читающий транспарант.

Пожилой человек:

– Вы знаете о трагедии двух миллионов евреев?

Один из пяти:

– Шесть миллионов.

Пожилой человек:

– Как шесть?

Один из пяти:

– Все евреи наш народ.

Пожилой человек:

– Я еврей. Я помню погромы, черту оседлости. Теперь этого нет.

Один из пяти:

– А «дело врачей»?

Пожилой человек:

– Этого больше не будет.

Один из пяти:

– Будет.

Пожилой человек:

– Я слышал, что едут, и этому не препятствуют. Зачем это?

Удивленно протягивает руку.

Таким он застынет на фотографии в «Нью-Йорк таймс», дополняя композицию вокруг транспаранта, в котором главное – есть Израиль и есть, что препятствуют.

Фотографию не пропустят по обычным для корреспондентов каналам. И покатится бочка: в американской прессе появится статья, в которой подвергнется сомнению возобновление соглашения на новый год между соответствующими организациями двух стран о порядке передачи информации.

Один из топтунов, не приближаясь вплотную, опасливо протягивает руку и отрывает кусок транспаранта. Неловко – не отработанно ещё. Под транспарантом ничего страшного. И вся масса топтунов надвигается.

Пожилой человек кричит визгливо:

– Не сметь! Что вы делаете? Они ничего не нарушают!

Топтуны от неожиданности останавливаются, даже чуть отступают. И пятеро успевают перехватить оставшийся кусок транспаранта, сдвинуться плотнее, чтобы на всех хватило. Еще несколько рывков – и от транспаранта остаются маленькие клочки в руках. Пятерых расталкивают в разные стороны, они чуть не падают. Хватают за руки, вытянутые вдоль тела. А что делать дальше, не знают.

В момент замешательства появляется человек с портфелем. Он быстро проходит сквозь толпу и отрывисто повторяет, не обращаясь ни к кому:

– Ничего не было. Все расходятся. Ничего не было. Все расходятся.

Анализ упрощенный: Хорошо отлаженная машина так и не срабатывает.

Анализ задним числом: Это несрабатывание и есть срабатывание.

Потом будет достаточно одного топтуна, чтобы вырывать транспаранты, в считанные секунды ликвидируя демонстрацию; демонстрантов будут судить за неподчинение милиции и заключать в тюрьму на короткие сроки; у корреспондентов будут отбирать фотоаппараты и засвечивать пленку. Демонстранты перейдут на индивидуальные транспаранты, с которыми можно продержаться чуть дольше. А корреспонденты на машине будут подскакивать к месту демонстрации, быстро щёлкать и давать полный газ. Тогда прикрепят к каждому демонстранту одну-две машины с полными комплектами и будут преследовать круглосуточно, в открытую, изматывать, не давая выйти на новую демонстрацию. Но это всё потом.

И это потом. Сотрудник КГБ:

– Вы пользуетесь тем, что в конституции не указано, какие демонстрации разрешены.

Один из пяти:

– Демонстрации могут быть разные. У нас демонстрация протеста.

– А зачем иностранные корреспонденты? – Мы обращались к корреспондентам газеты «Известия» написать о нашей проблеме, они отказались. – И правильно сделали. – Вот и обратились к иностранным. – Зачем это вам? – Привлечь внимание к нашей проблеме. – У нас этого не было, и мы не позволим. – Мы ничего не нарушаем. – Но увидит это прохожий и, возмущенный... – Стукнет портфелем, набитым кирпичами. – Ну, зачем уж так. – Мы знаем, на что идем. – Знаете и все же... – У нас нет другого выхода. – Вы наносите ущерб СССР, мешаете налаживанию взаимоотношений...

Дальше следуют угрозы, что можно поехать совсем в другую сторону.

А пока на месте остаются пятеро и несколько корреспондентов. И ни одного топтуна. Рассказывать корреспондентам нечего, они всё видели и отсняли. Похоже, им неудобно оставить людей в опасности. Пятеро продолжают уже ненужную игру с газетой: пытаются дозвониться из уличного автомата. Пятеро растеряны. Им было бы проще, если бы их взяли. Время идёт. Газета не отвечает. Ничего интересного не происходит. И корреспонденты незаметно исчезают.

Пятеро переходят в сквер рядом и садятся на одну лавку. «Свой» и «своя» присоединяются к ним. Предполагают, что будут брать, когда разойдутся.

Много курят и не разговаривают.

Сидят в буфете кинотеатра «Россия», пьют пиво и кофе.

Сидят в тёмном пустом зале, думают о своём, пока крутится фильм.

Вместе идут по улицам. Медленно идут. Темнеет. Всё время чувствуют слежку. Договариваются созвониться на один телефон и расходятся.

Один из пяти едет троллейбусом, метро, автобусом. Идёт тёмными дворами, входит в тёмный подъезд, бежит по лестницам, дверь квартиры не заперта. В тёмной квартире свет из ванной комнаты. Жена стоит у раковины и через зеркало говорит:

– Провела расчёской по волосам, и вся раковина в волосах...

Один из пяти оказался кэгэбэшником.

Ещё один из пяти оказался за океаном.

Двум другим послал книгу «Покушение». Позвонил одному из них, поговорили за жизнь, спросил его о книге, он извинился искренне: «Ой, прости, ещё не прочёл».

Преодолел стеснение: «Когда прочтёшь, позвони. Мне важно твоё мнение».

Обещал позвонить.

Другому звонить уже не хотелось.

Давно записал:

«Если кто-нибудь из моих друзей, с которыми мы прошли рядом с кэгэбэшными заготовками, которые могли кончиться чем угодно, предаст меня: скажет громко, чтобы другие услышали, или напишет, чтобы другие прочли, – то я расследую это позорное дело тщательно, опрошу, кто слышал или читал, проверю каждое слово, так ли это или мне только кажется, – и если подтвердится, что было такое позорное дело, то не отвечу».

Лист № 21

Вертухай-еврей, сопровождавший меня к судье, сказал, что он уже подумывал о кэгэбэ в государстве.

Обвинение № 30

10.8.2005 исполнились пять месяцев и ещё десять дней, как я не явился в суд государства надо мной 1.3.2005. Мне позвонили от кэгэбэшника № 581587.

– Михаэль, зайди к нам, – вежливо обратился звонивший.

– Чего вдруг? – интересуюсь.

– Михаэль, зайди, есть вопросы к тебе, – объяснил он.

Но этого недостаточно.

– Так пришлите письмо, я посмотрю, какая тема, посоветуюсь со знающими людьми и, если надо... – тянул я рассудительно.

Он перебил меня:

– Это займёт много времени, а дело срочное, – настаивал он.

– А чего спешить? – рассуждал я. – До обвала в 2018 году ещё много времени.

– Что? – не понял он.

Я повторил слово в слово. Чувствую, что дошло до него. Он ещё немного помычал недовольно и отключился.

Прошли сто шестьдесят дней с неявки в суд 1.3.2005 до звонка кэгэбэшника 10.8.2005, завлекавшего в свои сети.

Писал себе тихонько. Никому не нужен. Никто не мешает. Жена только мешала, как последние сорок пять лет. Мне даже интереснее стало жить после этого звонка – чувствую, что кому-то нужен. Жду.

И на третий день ничего не прислали, а по моим примитивным понятиям это последний срок срочного послания. Каждый день жду, но от кэгэбэшников ничего. И на десятый день, перед субботой, бегу к почтовому ящику полный надежд, но нету. Даже какая-то неудовлетворённость от такой жизни. Неужели забыт и кэгэбэшниками?

А вечером в субботу во время кидуша, 20.8.2005, били стёкла в моей квартире; стеклянная дверь на балкон была открыта, и камень влетел в спальню; ещё два камня не достигли стёкол окна из-за решётки на нём и осели на балконе. И не все камни преодолели железное ограждение балкона.

По исходе субботы с тремя камнями отправился жаловаться в «Русское подворье». Кэгэбэшник принял жалобу № 149835/2005, про камни сказал, что следы рук на них не остаются.

После приёма жалобы, а это было в одиннадцать вечера, мой кэгэбэшник, № 1033349, заявил, что я задержан по постановлению судьи.

Каждый день я дома, проверяю почтовый ящик, отвечаю по двум моим телефонам – никто меня не искал. Десять дней назад зазывали – не получилось. Значит, таким путём затащили к себе.

Кэгэбэшная работа.

Мой кэгэбэшник начинает принимать следующего, а мне велит сидеть на стуле в этой же комнате, но так, чтобы он меня видел. Когда он закончил приём, объявил через коридор другому кэгэбэшнику, что он закончил работать и меня передаёт ему.

Тот велел мне перейти на другой стул, в коридоре, за его дверью, но чтобы он видел меня. Он принимал людей, я долго сидел, а потом объявил ему, что хочу в туалет. Выждал несколько минут и повторил, что хочу в туалет. Ещё выждал и сказал, что иду в туалет. Ещё выждал и пошёл. Этот кэгэбэшник, № 1083922, выскочил в коридор, схватил меня и затолкал в комнату, в которой я уже был. Мы смотрели в глаза напротив. Я повторил, что хочу в туалет. Его верхняя часть лица темнела от прихлынувшей крови.

– Ты мечтаешь меня уничтожить, – догадался я, – но я хочу в туалет. – Про туалет повторял без остановки.

Он мечтал и молчал. Не знал, как осуществить мечту. Потянул мои руки вниз, сгибая меня, и кричал, чтобы я замолчал.

– Я не боюсь, – сказал, – я хочу в туалет.

Он тяжело дышал, сопел, пыхтел. А я начал кричать:

– Хочу в туалет! Хочу в туалет!

...Каждый кричал: «Хочу в туалет! Хочу в туалет!»

Кто не хотел, тоже кричал: «Хочу в туалет! Хочу в туалет!»

Крытый грузовик с лавками вдоль бортов вёз в тюрьму за город. Попели, посудачили, посмеялись. Дорога длинная, стало скучно. Вот тогда начали стучать в заднюю стенку кабины и кричать. Машина проехала ещё немного и остановилась. Дали команду: «Выходить по одному!» Мы прыгали за задний борт по одному. Машина стояла на пустынном шоссе в поле. Три кэгэбэшника встали недалеко друг от друга вдоль машины. А мы становились между машиной и кэгэбэшниками и поливали заднее колесо...

В комнату заглянул кэгэбэшник, который десять дней назад звонил и заманивал к ним, а сейчас приехал закончить формальности с моим задержанием. Кэгэбэшник и я были всё в той же стойке. Я пожаловался новому кэгэбэшнику, что не ведут в туалет. И пошёл. А он за мной.

Потом было долгое оформление задержания, хождение по

коридорам, сопровождаемое «пошли», «стой». Возле кучи хлама вертухай сказал: «Вижу, что ты впервые, уж извини, – что есть, бери одеяло и матрас».

В третьем часу ночи другой вертухай зажёг яркий свет в камере, загремел замками, впустил внутрь, сказал: «Через пять минут гашу свет».

Кто не спал или проснулся смотрели на меня с двух этажей.

– Какие хорошие лица! – тихо удивился я.

Есть времена, когда всё лучшее в тюрьмах.

– Да ну! – съехидничал кто-то. – За «итнаткут»?

– За кэгэбэ в государстве, – ответил.

– И без тебя знаем, – на койках зашевелились, – а ну-ка подробнее.

– Завтра, – и повалился во всём на то, что было в койке.

Утро тюрьмы начинается с криков вертухаев в коридорах.

Арестанты зевали и выходили на завтрак.

Вставать не хотелось. Причёсываться не хотелось, да и нечем.

Причёсывал мысли:

Заблуждаться безопаснее.

Дорога правды плутает между тюрьмой и кладбищем.

Взгляды, не высказанные публично, не засчитываются.

Если государство решает за меня – оно тоталитарное.

Над основоположниками смеются только через годы.

Противников «убирали», не пачкая рук, чтобы светлое будущее строить чистыми руками.

Гуманное общество наводит пелефоном палача на мотоцикле – приговорённый не успевает испугаться.

А бывают ли «причёсанные мысли» в государстве, в котором нет кэгэбэ?

За два дня задержания два раза приводили к тому же дежурному судье. Кэгэбэшники-прокуроры требовали моего задержания, пока не подпишусь, что являюсь в суд 15.9.2005.

После первого привода к судье получил протокол. Из него узнал, что уже несколько месяцев имеется постановление о приводе и постановление о задержании. Узнал, что я схвачен, но без подробностей, в каком месте и при каких обстоятельствах, –

просто схвачен. Узнал, что я задержан после того, как отказался подписаться под явкой в суд.

Во второй привод к судье в новом протоколе он исправил, по моей просьбе, всё враньё кэгэбэшных прокуроров, которые при этом молчали.

В увеличительном стекле моё маленькое дело походило на большой «итнаткут», который кэгэбэшники сделали, а потом спихнули государственному контролёру.

По моей просьбе судья записал в протокол, что государство ведёт против меня суд в стиле кэгэбэ, поэтому я сам в такой суд не явлюсь.

Судья обязал прокуратуру доставлять меня в суд. Два прокурора всячески противились этому. А судья улыбался и убеждал их. Судья улыбался и их требованию о запрете моего выезда из государства и сказал многозначительное: «Нуу!»

Вертухай-еврей, сопровождавший меня, был очень доволен и порассуждал о том, что, кто прав и стоит на своём, будет прав.

Вертухай-еврей, сопровождавший меня к судье днём раньше, сказал, что он уже подумывал о кэгэбэ в государстве.

Выпустили меня через два дня, 22.8.2005 после того, как судья уломал кэгэбэшных прокуроров.

Умница, молодой, красавец, душка и прочее – кэгэбэшники выставили его для опровержения моих «домыслов» о кэгэбэшном государстве.

Какая великолепная игра по «системе Станиславского»!

И первым делом я побежал не к моей Любимой, а на почту к моему почтовому ящику. В нём было то, что я хотел найти. Письмо кэгэбэшника № 581587, которому я нужен срочно, а у него нет времени на письма. Дата отправления на конверте – 22.8.2005, то есть отправлено утром и пришло в тот же день днём, когда меня выпустили. О дне явки – написано «срочно», а по какому делу – написано «расследование». Но самое интересное – вверху слева написано его рукой: 1.8.2005. А бумажка свеженькая, гладенькая, без морщинки.

Почерк кэгэбэ.

А я замираю от восторга, что мне, ничтожному еврею, выпала

честь – сыграть партию «Михаэль Бабель – кэгэбэ», в которой применяю новинку «Атака Бабеля» – полное неповиновение навязанным ими ходам, которая ведёт к их обвалу в 2018 году.

Твой ход, товарищ кэгэбэ.

1.9.2005